東京書籍ユーザーのための

ワーク&テスト

ニューホライズン 2年

東京書籍

特色

● 本書は，東京書籍の教科書「NEW HORIZON 2年」に完全準拠したワークブックです。
● 教科書の Unit ごとに，Key Sentence や New Words の確認から練習へと，ステップを踏んで学習できるようにくふうしました。
● 巻末の「定期テスト予想問題」には，定期テストに備えて筆記・リスニングの両面で実践的なトレーニングができるように，配点付き問題を掲載しました。

構成と使い方

解答が赤文字で示された問題では，暗記用フィルターが使えます。

基本ワーク
教科書の内容をチェック！

● **Key Sentence，New Words … 左ページ**
教科書の Key Sentence について，わかりやすく図解をまじえて解説しています。New Words については語句のつづりや意味を確かめる問題を設けています。

● **基本問題 … 右ページ**
Key Sentence の解説で理解したことを定着・発展させる基本問題を設けています。また，パートによっては「教科書内容の確認」を設け，教科書本文の理解を確認できるようにしています。

総合問題
実践的な問題でトレーニング！

Unit ごとにまとめた，実践的な問題です。文法や語句・表現のまとめや，長文読解など，定期テストにも出題される問題で構成しています。

定期テスト予想問題
テスト問題で最後の仕上げ！

教科書の Unit ごとにまとめた定期テストの予想問題です。リスニング問題も入っていますので，音声を再生して，実際のテストと同じように時間を計って採点しましょう。定期テストの直前に学習すると効果的です。

解答と解説

本編の問題ごとにわかりやすい解説を示しています。別冊なので取り外して，問題のページと照らし合わせて使うことができます。間違えた問題は解説をもとにもう一度挑戦してみましょう。

別冊ハンドブック
基本文・重要語句チェック

Unitごとに基本文と重要語句を確認できる，別冊ハンドブックです。簡単に取り外せて持ち運びができるので，暗記用フィルターを使って，いつでもどこでも手軽にチェックできます。

QRコードで音声チェック！

● QRコードを読み取ると，各Unit の Key Sentence の音声を聞くことができます。リスニング問題の音声も入っています。
●【使い方】
① スマートフォンやタブレットでQRコードを読み取りましょう。
② Unit を選択して Key Sentence の音声を再生しましょう。

QRコード

【動作環境】
インターネットに接続されていること。 ※インターネット接続に伴う通信費は利用者のご負担となります。
Android 5.1以降 + Google Chrome ／ iOS9 以降 + Safari ／ iPadOS + Safari

※「QRコード」は(株)デンソーウェーブの登録商標です。
※「Android」は，Google LLC. の商標です。
※「iOS」「iPadOS」は，Apple Inc. の商標です。

ワーク&テスト NEW HORIZON 2

目次

Unit 0 My Spring Vacation

Read and Think

Key Sentence 0　be動詞の過去形，There is [are] ....の文

「…していました」「…があります」という言い方　（復習）

People **were** look**ing** at the tyrannosaurus.
（人々はティラノサウルスを見ていました。）

There are many good restaurants in Fukui.
（福井には多くのよいレストランがあります。）

「…していました」と過去のある時点にしていた動作を言うときは，動詞に **...ing** をつけた形を使い，**過去進行形**の **was [were] + ...ing** の形を使う。

People were looking at the tyrannosaurus.
└主語がyouか複数のときはwere，単数のときはwasを使う

※疑問文，否定文の作り方は現在進行形の文と同じ。

「…があります[います]」と言うときは，**There is [are] ....** の形を使う。

There are many good restaurants in Fukui.
主語が複数のときはare，単数のときはisを使う　主語（…が）　└場所を表す語句

※否定文はbe動詞のあとにnotを入れる。
※疑問文はis[are]をthereの前に出し，答えの文はthereを使う。
※「…がありました[いました]」と言うときは，**There was [were] ....** にする。

Check!

生徒たちは本を読んでいました。
The students (were) (reading) books.
東京には多くの有名な美術館があります。
(There) (are) many famous museums in Tokyo.

New Words

① （今から）…前に (ago)　② 到着する (arrive)
③ …を見つける，発見する (find)　④ findの過去形 (found)

1 絵を見て，「そのとき，～は…していました」という文を作りなさい。

例 We were watching TV then.

(1)

study

(2)

listen to

(3)

run

□(1) Saki ______ ______ English then.
□(2) My father ______ ______ to music then.
□(3) The boys ______ ______ in the park then.

Navi
それぞれ次の意味の文を作る
(1) サキはそのとき英語を勉強していました。
(2) 私の父はそのとき音楽を聞いていました。
(3) その男の子たちはそのとき公園で走っていました。

2 日本語に合う英語になるように，______に正しい語を入れなさい。

□(1) これは恐竜博物館で撮った写真です。
This is a picture ______ a dinosaur museum.
□(2) 私たちは９時半に博物館に到着しました。
We ______ ______ the museum at 9:30.
□(3) 化石発掘はとても楽しかったです。
Fossil hunting was ______ ______ ______ fun.

Point
・「…で撮った」は「…からの」と考える。
・「到着する」→arrive

3 日本語に合う英語になるように，語句を正しく並べかえなさい。

□(1) 私は２週間前に福井へ行きました。
went / ago / Fukui / weeks / I / two / to / .

____

□(2) 昨年，ここにはレストランがありました。
was / here / year / a restaurant / last / there / .

____

Point
・「…前に」
→... ago
・「…がありました」
→There was [were] ....

教科書内容の確認

次の英文が教科書４ページの本文の内容と合うものには○を，合わないものには×をつけなさい。
□(1) Kaito visited the museum two weeks ago. (　　)
□(2) Kaito enjoyed eating Echizen soba. (　　)

解答 p.1

Unit 1 A Trip to Singapore

Scene ①

Key Sentence 1　未来(be going to＋動詞の原形)

「…するつもりです」という言い方

I **am going to** visit Singapore next week.
(私は来週シンガポールを訪れるつもりです。)

Are you **going to** visit Singapore next week?
(あなたは来週シンガポールを訪れるつもりですか。)

— Yes, I **am**. [No, I **am not**.]
(はい，そのつもりです。[いいえ，そうではありません。])

「…するつもりです」のように，あらかじめ決めておいた予定や未来のことを言うときは，
am [are, is] going to＋**動詞の原形**の形を使う。

「…するつもりだ」　I am going to visit Singapore next week.
（am → be動詞は主語に合わせる／visit → 動詞の原形／next week → 未来を表す語句）

「…するつもりですか」　Are you going to visit Singapore next week?
（Are → be動詞を主語の前に）

※be動詞の疑問文には，be動詞を使って答える。

「何を[いつ，どこで]…するつもりですか」とたずねるときは，疑問詞を使う。

What are you going to do tomorrow?
（What → 疑問詞／are you going to do → 疑問文）
(あなたは明日，何をするつもりですか。)

Check!
私は明日，メグと勉強するつもりです。
I (am) (going) (to) study with Meg tomorrow.

New Words

① おじ，おじさん (uncle)　② おば，おばさん (aunt)
③ 休日，休暇 (holiday)　④ 外国に[へ，で] (abroad)

1 絵を見て，「…するつもりです」という文を作りなさい。

例 We are going to go shopping.

(1)

(2)

(3)

□(1) Saki ______ ______ to swim.

□(2) Riku ______ going to ______ some pictures of the panda.

□(3) John and Emily ______ going ______ ______ tennis.

Navi
それぞれ次の意味の文を作る

(1) サキは泳ぐつもりです。
(2) リクはパンダの写真を撮るつもりです。
(3) ジョンとエミリーはテニスをするつもりです。

2 日本語に合う英語になるように，______に正しい語を入れなさい。

□(1) あのね，何だと思う？

______ ______?

□(2) 私はおばのところに滞在するつもりです。

I'm going to ______ ______ my aunt.

□(3) 彼らは私にまわりを案内するつもりです。

They're going to ______ ______ ______.

Point
・「(…を)推測する」
　→guess
・「滞在する，泊まる」
　→stay
・「…を案内する」
　→show

3 日本語に合う英語になるように，語句を正しく並べかえなさい。

□ 私は明日，外出するつもりはありません。

tomorrow / to / not / going / go out / I'm / .

____

Point
・「…するつもりはない」
　→主語＋be動詞＋not going to＋動詞の原形

教 科書内容の確認

教科書９ページの本文の内容について，質問に英語で答えなさい。

□(1) Where is Asami going to visit during the "Golden Week" holidays?

―― She's going to visit her ______ and uncle in ______.

□(2) What are Asami's aunt and uncle going to do for Asami?

―― They're ______ to ______ ______ around.

解答 p.1

Unit 1 A Trip to Singapore

Scene ②

Key Sentence 2　助動詞　will

「これから…しよう」「…でしょう」「…するつもりです」という言い方

I **will** make a reservation.
（私が予約をしましょう。）

「これから…しよう」とそのときに決めた予定や未来のこと，または，「…でしょう」「…するつもりです」などと未来の予想や意思を表すときは，助動詞の**will**を使って，**will＋動詞の原形**の形で表す。

「これから…しよう」　I will make a reservation.
I will＝I'll　└動詞の原形

「…でしょう」　It will snow tomorrow.　（明日雪が降るでしょう。）
└未来の予想

「…するつもりです」　I will stay at home.　（私は家にいるつもりです。）
└意思

疑問文は助動詞willを主語の前に出す。Will ...?の文にはwillで答える。

Will you make a reservation?　（あなたはこれから予約をしますか。）
── Yes, I will. / No, I will not [won't].
（はい，します。／いいえ，しません。）

否定文は助動詞willのあとにnotを入れる。
I will not [won't] stay at home.　（私は家にいるつもりはありません。）

Check!　私が写真を撮りましょう。
I (will) (take) a picture.

New Words

① 遠くに[へ]	(far)	② 予約	(reservation)
③ I willの短縮形	(I'll)	④ you willの短縮形	(you'll)

1 絵の人物になったつもりで，「私は(これから)…するつもりです」と，今思いついたことを言う文を作りなさい。

例 I will make curry and rice.

(1)

(2)

(3)

□(1) I ＿＿＿＿ ＿＿＿＿ this book.
□(2) I ＿＿＿＿ ＿＿＿＿ ramen.
□(3) I ＿＿＿＿ ＿＿＿＿ the news.

Navi
それぞれ次の意味の文を作る
(1) 私はこの本を読むつもりです。
(2) 私はラーメンを食べるつもりです。
(3) 私はニュースを見るつもりです。

2 日本語に合う英語になるように，＿＿に正しい語を入れなさい。

□(1) 公園はここから遠いのですか。
Is the park ＿＿＿＿ ＿＿＿＿ here?
□(2) 待ち遠しいです。
I ＿＿＿＿ ＿＿＿＿.
□(3) 私はこれから予約をします。
＿＿＿＿ ＿＿＿＿ a reservation.

Point
・「遠くに[へ]」
→far
・「待つ」→wait
・「…をする，行う」
→make
・I will＝I'll

3 日本語に合う英語になるように，語句を正しく並べかえなさい。

□(1) マーライオンがすぐに見えます。
the Merlion / you'll / soon / see / .
＿＿＿＿＿＿＿＿＿＿＿＿＿＿＿＿

□(2) あなたはまたここに来るつもりですか。
you / here / will / again / come / ?
＿＿＿＿＿＿＿＿＿＿＿＿＿＿＿＿

Point
・you will＝you'll
・「…するつもりですか」
→Will＋主語＋動詞の原形…?

教科書内容の確認

教科書10ページの本文の内容について，質問に英語で答えなさい。

□(1) What will Asami see soon?
── She ＿＿＿＿ see ＿＿＿＿ ＿＿＿＿.
□(2) Will Asami eat chicken rice?
── ＿＿＿＿, she ＿＿＿＿ ＿＿＿＿.

解答 p.1

Unit 1 A Trip to Singapore
Read and Think ①

Key Sentence 3　show, give, buy, teachなど＋(人)＋(もの)

「(人)に(もの)を…する」という言い方

I will **show** you the Merlion.
(私はあなたにマーライオンを見せましょう。)

「(人)に(もの)を…する」と言うときは，**動詞＋(人)＋(もの)**の語順で表す。
このときによく使われる動詞に，show，give，buy，teachなどがある。

「(人)に(もの)を見せる」　I will show（見せる） you（人） the Merlion（もの）.

※この形の文には，「(人)に」と「(もの)を」の２つの目的語がある。

目的語を２つとる動詞	
give → ～に…を与える	buy → ～に…を買う
teach → ～に…を教える	ask → ～に…をたずねる
make → ～に…を作る	cook → ～に…を作る［料理する］

「(人)に(もの)を…する」と言うときには，**動詞＋(もの)＋for［to］＋(人)**の語順でも表すことができる。

I will show（動詞） you（人） the Merlion（もの）. = I will show the Merlion to you.

show，give，teachのときはto
buy，make，cookのときはfor

Check!　私はあなたに地図を見せましょう。
I will (show) (you) the map.

New Words
① 贈り物 (gift)　② クッキー (cookie)
③ 身長[高さ]が…ある (tall)　④ …の重さがある (weigh)

❶ 絵の人物になったつもりで，「私はあなたに…を～するつもりです」という文を作りなさい。

例 I will show you this picture.

(1)

buy

(2)

make

(3)

give

□(1) I will ＿＿＿＿ ＿＿＿＿ this book.

□(2) I will ＿＿＿＿ you a ＿＿＿＿.

□(3) I will ＿＿＿＿ ＿＿＿＿ these flowers.

Navi
それぞれ次の意味の文を作る

(1) 私はあなたにこの本を買うつもりです。
(2) 私はあなたにケーキを作るつもりです。
(3) 私はこれらの花をあなたにあげるつもりです。

❷ 日本語に合う英語になるように，＿＿に正しい語を入れなさい。

□(1) マーライオンは8.6メートルの高さがあり，70トンの重さがあります。
The Merlion is 8.6 meters ＿＿＿＿, and it ＿＿＿＿ 70 tons.

□(2) 私はいくつかの贈り物をみなさんに買いました。
I ＿＿＿＿ some gifts ＿＿＿＿ everyone.

□(3) 彼は私に地図を見せました。
He ＿＿＿＿ the map ＿＿＿＿ me.

Point
・「(人)に(もの)を買う」
→buy＋(人)＋(もの)
または
buy＋(もの)＋for＋(人)
・「(人)に(もの)を見せる」
→show＋(人)＋(もの)または
show＋(もの)＋to＋(人)

❸ 日本語に合う英語になるように，語句を正しく並べかえなさい。

□ 私はジョシュにそのクッキーをあげるつもりです。
give / the cookies / will / Josh / I / .

＿＿＿＿＿＿＿＿＿＿＿＿＿＿＿＿＿＿＿＿

Point
・「(人)に(もの)を与える」
→give＋(人)＋(もの)
または
give＋(もの)＋to＋(人)

教科書内容の確認

次の英文が教科書12ページの本文の内容と合うものには○を，合わないものには×をつけなさい。

□(1) The Merlion is a symbol of Singapore. (　　)

□(2) Asami didn't buy Josh a gift. (　　)

解答 p.2

Unit 1 A Trip to Singapore
Read and Think ②

Key Sentence 4　call＋A＋B

「AをBと呼ぶ」という言い方

People **call** it the Singapore Flyer.
（人々はそれをシンガポールフライヤーと呼びます。）

「AをBと呼ぶ」と言うときは，**call＋A（人・もの）＋B（名前）**の語順で表す。

「AをBと呼ぶ」　People call it the Singapore Flyer.
（it＝もの，the Singapore Flyer＝名前）

※「Aを」にあたる語は目的語で，「Bと」にあたる語は，目的語をくわしく説明する語。
※A＝B（A is B.）の関係が成り立つ。

People call the Ferris wheel the Singapore Flyer.
（the Ferris wheel＝A　＝　the Singapore Flyer＝B）

AとBは，
The Ferris wheel is the Singapore Flyer.
と言うことができる関係だよ。

「…を何と呼びますか」とたずねるときは，**What do you call …?**の文を使う。

What do you call the Ferris wheel?　（あなたはその観覧車を何と呼びますか。）

Check!
私たちは彼女をベスと呼びます。
We（　call　）（　her　）Beth.

New Words
① 意思の疎通をする　（communicate）　② 文化　（　culture　）
③ 恐ろしい，こわい　（　scary　）　④ rideの過去形　（　rode　）

1 絵の人物になったつもりで，「私(たち)は…を〜と呼びます」という文を作りなさい。

例 I call the boy Ken.

(1)

(2)

(3)

□(1) I ______ my ______ Momo.
□(2) I ______ the ______ Emily.
□(3) We ______ that ______ Tokyo Skytree.

Navi
それぞれ次の意味の文を作る
(1) 私は自分のイヌをモモと呼びます。
(2) 私はその女の子をエミリーと呼びます。
(3) 私たちはあのタワーを東京スカイツリーと呼びます。

2 日本語に合う英語になるように，______に正しい語を入れなさい。

□(1) その観覧車で私たちは165メートルまで上がりました。
The Ferris wheel ______ us ______ ______ 165 meters.
□(2) 私はおじと意思の疎通をすることができます。
I can ______ ______ my uncle.
□(3) 私たちは異なる文化を経験することができます。
We can ______ different cultures.

Point
・「観覧車で上がる」は「観覧車が私たちを上へ連れていく」と考える。
・「…と」
→with ...

3 日本語に合う英語になるように，語を正しく並べかえなさい。

□ 私をユキと呼んでください。
me / call / Yuki / please / .

____

Point
・call＋A＋Bで
Aに代名詞が入るときは「…を[に]」の形にする。

教科書内容の確認

教科書14ページの本文の内容について，質問に英語で答えなさい。
□(1) What is the Singapore Flyer?
— It's the ______ ______ in Merlion Park.
□(2) How many languages did Asami find on Singapore money?
— She found ______ different languages.

解答 p.2

Unit 0・1　総合問題

教科書 4 ▸ 15

1 文法　(　　)に入る正しい語を選んで書きなさい。

□(1) We (are, were) playing soccer then. ______

□(2) There (is, are) a park near my house. ______

□(3) Ken is (goes, going) to visit Osaka next Sunday. ______

□(4) We call (he, him) Taku. ______

2 語句・表現　日本語に合う英語になるように，______に正しい語を入れなさい。

□(1) ダイキは何時に学校に着きましたか。

What time did Daiki ______ ______ school?

□(2) あなたはすぐに図書館が見えるでしょう。

______ ______ the library soon.

□(3) あのね，何だと思う？

______ ______?

□(4) あなたはミサキに連絡できますか。

Can you ______ ______ Misaki?

3 文法　各文を(　　)内の指示にしたがって書きかえなさい。

□(1) Yui is going to go shopping.　(否定文に)

Yui ______ ______ ______ go shopping.

□(2) They are going to <u>study math</u>.　(下線部が答えの中心になる文に)

______ ______ they going to ______?

□(3) I will buy you a bag.　(ほぼ同じ意味の文に)

I will buy a bag ______ ______.

ヒント

1(1)　thenは過去を表す語。　2(2)　you will＝you'll　(4)「連絡する」＝communicate

3(2)「何」をするつもりなのかたずねる疑問文にする。

(3)　動詞によってtoまたはforを使い分ける。

4 文法　日本語に合う英語になるように，語句を正しく並べかえなさい。

□(1)　私たちはケンの宿題を手伝います。

help / his / will / with / Ken / homework / we / .

□(2)　彼は私にその写真を見せませんでした。

didn't / the picture / show / he / me / .

□(3)　あなたたちはその寺を金閣寺と呼ぶのですか。

call / Kinkaku-ji / do / the temple / you / ?

5 読解　文章を読んで，あとの問いに答えなさい。

Hi, Josh. Look. We're now in Merlion Park. I'll show you the Merlion. It's a symbol of Singapore. "Mer" means "sea." The Merlion has the body of a fish and the head of a lion. It's 8.6 meters tall, and it weighs 70 tons. A lot of people are taking pictures of it. There are some gift shops near the park. I bought some gifts for everyone. I'll give you these Merlion cookies, Josh.

Can you see that Ferris wheel? We're going to ride it after lunch.

□(1)　下線部の意味を，it が何を指しているか明らかにして，日本語にしなさい。

(　　　　　　　　　　　　　　　　　　　　)

□(2)　マーライオンについて説明した文の(　　)に，適切な日本語を書きなさい。

マーライオンはシンガポールの(　　　　)で，その姿は，(　　　　)が魚で(　　　　)がライオンです。

(3)　本文の内容について，英語で答えなさい。

□①　How tall is the Merlion?

□②　Are there any gift shops near Merlion Park?

ヒント

4(2)「(人)に(もの)を見せる」＝show＋(人)＋(もの)　(3)「AをBと呼ぶ」＝call＋A＋B

5(1)　直前の１文に着目。　(2)　本文２～３行めに着目。　(3)②　there を使って答える。

解答 p.2

Let's Talk ①　教科書 17

ホテルでのトラブル —苦情を言う・謝る—

Today's Point　苦情を言う文・謝罪する文

I have a problem with my room.
(私の部屋に問題があります。)

The air conditioner **doesn't work.**
(エアコンが故障しています。)

— **I apologize for** the trouble.
(— 問題をおわびいたします。)

ホテルで滞在中にトラブルが起きたときには，**I have a problem with ....**（…に問題があります）や，**... don't [doesn't] work.**（…が故障しています）のように言う。

「…に問題がある」　I have a problem with my room.

「…が故障している」　The air conditioner doesn't work.
主語が複数のときはdon't

苦情を受けて謝るときは，**I apologize for ....**（…をおわびいたします）のように言います。

「…をおわびいたします」　I apologize for the trouble.

I apologize for .... は，自分の責任を認めて，正式に謝罪をするときの表現だよ。

Check!

シャワーに問題があります。
I (have) a (problem) (with) the shower.
問題をおわびいたします。
I (apologize) (for) the trouble.

New Words　① 困難，面倒，迷惑 (trouble)　② 客，泊まり客 (guest)

1 絵の人物は，どのような苦情を言っていますか。下から選び，記号で答えなさい。

(1)

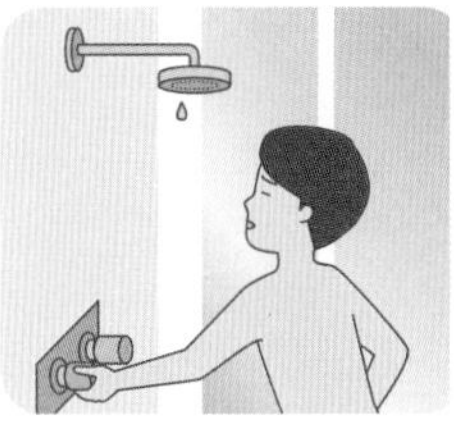

(2)

(3)

□(1)　(　　　)　□(2)　(　　　)　□(3)　(　　　)

ア　The light doesn't work.

イ　I can't get hot water.

ウ　The people next door are too noisy.

Navi

絵の人物は，次の苦情を言っている

(1) お湯が出ません。
(2) 明かりがつきません。
(3) 隣の人々がとてもうるさいです。

2 客とフロント係の会話が成り立つように，＿＿＿に入る正しい語を書きなさい。

Clerk：Hello. How can I help you?

□*Guest*：Hi, this is Room 705. The TV ①＿＿＿＿＿＿ ＿＿＿＿＿＿. Can you check it, please?

□*Clerk*：Certainly, we will check it ②＿＿＿＿＿＿ away. I ③＿＿＿＿＿＿ ＿＿＿＿＿＿ the trouble.

Guest：Thank you.

Navi

次の意味の会話になる

フロント係：
もしもし。いかがなさいましたか。
客：
こんにちは，705号室なのですが。テレビがつきません。確認してもらえますか。
フロント係：
承知しました。すぐに確認いたします。問題をおわびいたします。
客：
ありがとう。

3 日本語を英語にしなさい。

□(1)　私の部屋に問題があります。

＿＿＿＿＿＿＿＿＿＿＿＿＿＿＿＿＿＿＿＿＿＿＿＿＿＿＿＿

□(2)　タオルがありません。

＿＿＿＿＿＿＿＿＿＿＿＿＿＿＿＿＿＿＿＿＿＿＿＿＿＿＿＿

Point

・「…に問題がある」
→have a problem with ...
・「…がない」
→There is [are] no ....

解答 p.3

5つの文構造 —— 文の組み立て方を知ろう

英語の文は，動詞の種類によって，そのあとに続く語にちがいがあり，5つの文構造に分類できる。

形を覚えよう

	主語(S)	動詞(V)		
1	Night	came.		

★使われる動詞は，sing(歌う)，walk(歩く)などの，それだけで意味が完結するもの

	主語(S)	動詞(V)	補語(C)	
2	This	is	my bag.	

★主語＝補語の関係が成り立つ

★使われる動詞は，be動詞，become(…になる)，look(…に見える)など

	主語(S)	動詞(V)	目的語(O)	
3	I	made	this cake.	

★動詞のあとに「…を」または「…に」にあたる目的語がくる

★使われる動詞は，have(…を持っている)，like(…を好む)など

	主語(S)	動詞(V)	目的語(O)	目的語(O)
4	He	showed	me	a map.

★動詞のあとに「(人)に」，「(もの)を」にあたる2つの目的語がくる

★使われる動詞は，give(～に…を与える)，buy(～に…を買う)など

	主語(S)	動詞(V)	目的語(O)	補語(C)
5	We	call	the cat	Momo.

★目的語＝補語の関係が成り立つ　(The cat is Momo.)

★使われる動詞は，call(～を…と呼ぶ)，make(～を…の状態にする)など

1 それぞれの文の下線部の語句は，その文の「目的語」か「補語」のどちらかを，(　　)内に書きなさい。

□(1) He looked happy.
(　　　　　　)

□(2) We know the news.
(　　　　　　)

□(3) I will give you a book.
(　　　　　　) (　　　　　　)

□(4) They call Ms. Taylor Beth.
(　　　　　　) (　　　　　　)

❷ つぎの文はそれぞれ，下のどの文構造か，記号で答えなさい。

□(1) I call her Sally. (　　)

□(2) Tim runs very fast. (　　)

□(3) Mike cooked me omelet. (　　)

□(4) Saki became a teacher last year. (　　)

□(5) They study English every day. (　　)

ア　主語＋動詞	イ　主語＋動詞＋補語
ウ　主語＋動詞＋目的語	エ　主語＋動詞＋目的語＋目的語
オ　主語＋動詞＋目的語＋補語	

❸ 日本語に合う英語になるように，語句を正しく並べかえなさい。

□(1) すぐに来てくれますか。

quickly / you / can / come / ?

□(2) 今朝，リサは疲れているように見えませんでした。

tired / didn't / look / this morning / Lisa / .

□(3) 私はサリーのためにケーキを買うつもりです。

will / Sally / buy / for / a cake / I / .

□(4) 私に駅までの道を教えてくれませんか。

you / the way / the station / tell / to / me / can / ?

□(5) このイヌをヤマトと呼びましょう。

this dog / call / Yamato / let's / .

解答 p.3

機内放送

機内放送を聞いて，必要な情報を聞き取る

飛行機に乗ると，運行状況や行き先の情報，機内での注意事項，また，食事や機内販売などの案内が日本語のほかに英語で流れる。よく使われる表現があることにも着目して聞き取ろう。

練習１ 機内放送を聞いて，正しいものを選び，記号で答えなさい。

① 便名	ア NW174	イ NW194	ウ NW149
② 飛行時間	ア ９時間15分	イ ９時間40分	ウ ９時間50分
③ 到着時刻	ア 10:15 a.m.	イ 10:50 a.m.	ウ 10:50 p.m.

□①（　　）　□②（　　）　□③（　　）

練習２ 機内放送を聞いて，______に当てはまる数字や語句（１～２語）を書きなさい。

□ Good evening ladies and gentlemen, welcome aboard North Wing Airlines flight ______ with service to Los Angeles. Your pilot today is James Taylor and I'm your chief purser, Keiko Smith. We are now ready for departure. Our flight time to Los Angeles International Airport is expected to be ______ and ______. We are expecting to arrive at our destination at ______ local time. If there is anything we can do to make your flight more comfortable, please don't hesitate to let us know. We hope you will enjoy your flight with us. Thank you.

purser＝「パーサー（旅客機の乗客サービスをする乗務員）」
destination＝「目的地」
local time＝「現地時間」

1 機内放送を聞いて，正しいものを選び，記号で答えなさい。

① 放送内容	ア 軽食の提供について イ 機内販売について ウ 機内エンターテイメントの種類について
② サービスの時間	ア 食事の間 イ 食事の前 ウ 食事のあと
③ 限定品	ア 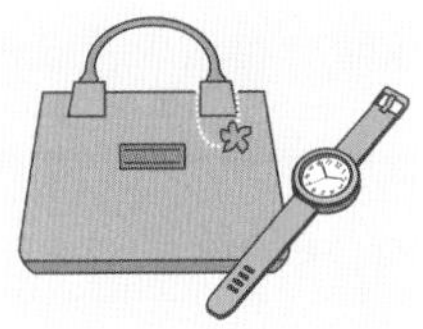 イ  ウ 

□① （　　　）

□② （　　　）

□③ （　　　）

2 機内放送を聞いて，正しいものを選び，記号で答えなさい。

① 現地の時刻	ア 10:15 a.m.	イ 10:50 a.m.	ウ 10:55 a.m.
② 現地の天候	ア くもり	イ 晴れ	ウ 雨
③ 現地の気温	ア 15℃／59℉	イ 25℃／77℉	ウ 30℃／86℉

□① （　　　）

□② （　　　）

□③ （　　　）

解答 p.3

Unit 2 Food Travels around the World

Scene ①

Key Sentence 5　接続詞　when

「…(の)ときに」という言い方

When I watch TV, I see many interesting dishes.
[I see many interesting dishes **when** I watch TV.]
(私はテレビを見るとき，たくさんの興味深い料理を見ます。)

「…(の)ときに」と言うときは，接続詞の**when**を使う。
when＋主語＋動詞 **...**の部分が，「…(の)ときに」という意味を表し，もう一方の主語＋動詞 **...**の部分につながる。

When I watch TV, I see many interesting dishes.
(I watch TV：主語＋動詞 ...　,：コンマ　I see many interesting dishes：主語＋動詞 ...)

whenに続く部分を文の前半に置くときは，もう一方の部分の前にコンマを置く。
whenに続く部分が未来のことを言うときでも，動詞は現在形にする。

I will help you when you are busy.（あなたが忙しいときに，私はあなたを手伝いましょう。）
(will：未来　are：現在形　忙しいのは未来のことだが，動詞は現在形)

接続詞のwhenを日本語にするときは，文脈に応じて「～すると」「～したら」とすると自然な日本語になるよ。

Check! 私は公園を訪れるとき，たくさんの美しい花を見ます。
(　When　) I visit the park, I see many beautiful flowers.

New Words

① 種類　(　kind　)　② …でさえ　(　even　)
③ …を耳にする　(　hear　)　④ hearの過去形　(　heard　)

1 絵を見て，「…はひまなとき，よく～します」という文を作りなさい。

例 When I am free, I often make cookies.

(1)

(2)

(3)

□(1) ______ Saki is free, she often ______ books.

□(2) ______ Riku is free, he often ______ fishing.

□(3) ______ these boys ______ free, they often ______ video games.

Navi

それぞれ次の意味の文を作る

(1) サキはひまなとき，よく本を読みます。
(2) リクはひまなとき，よくつりをします。
(3) この男の子たちはひまなとき，よくテレビゲームをします。

2 日本語に合う英語になるように，______に正しい語を入れなさい。

□(1) 日本には多くの種類のカレーのレシピがあります。

There are ______ ______ ______ curry recipes in Japan.

□(2) 私はフィリピンにいたときには，カレーパンについて一度も聞きませんでした。

I never ______ ______ curry bread ______ I was in the Philippines.

Point

・「…種類の～」
→... kind(s) of ～
・「…について聞く」
→hear of ...

3 日本語に合う英語になるように，語を正しく並べかえなさい。

□ 私はサリーに会ったとき，楽しかったです。

when / I / was / Sally / happy / I / saw / .

______

Point

・whenの部分が文の後半に来るときはコンマは使わない。
・主語＋動詞 ... when ＋主語＋動詞 ....の語順にする。

教科書内容の確認

教科書23ページの本文の内容について，質問に英語で答えなさい。

□(1) What does Josh see on TV?　※on TV テレビで

── He sees many ______ ______.

□(2) Did Josh have curry bread in the Philippines?

── ______, he ______.

解答 p.4

Unit 2 Food Travels around the World

Scene ②

Key Sentence 6　接続詞 if

「(もし)…ならば」という言い方

If you have time, we can go.
[We can go **if** you have time.]
(もし時間があれば，私たちは行くことができます。)

「(もし)…であれば」と言うときは，接続詞の**if**を使う。
if＋主語＋動詞 **...**の部分が，「(もし)…であれば」という意味を表し，もう一方の主語＋動詞 **...**の部分につながる。

If you have time, we can go.
（you have time ＝ 主語＋動詞 ...／, ＝ コンマ／we can go ＝ 主語＋動詞 ...）

ifに続く部分を文の前半に置くときは，もう一方の部分の前にコンマを置く。
ifに続く部分が未来のことを言うときでも，動詞は現在形にする。

I will stay at home if it is cold tomorrow.
（will ＝ 未来／is ＝ 現在形）
未来である「明日」についての内容だが，動詞は現在形
(もし明日寒ければ，私は家にいるでしょう。)

Check!
もしあなたがひまであれば，私たちは買い物に行くことができます。
(　If　) you are free, we can go shopping.

New Words

① もし…ならば　(　if　)
② もとは，はじめは　(originally)
③ 半分だけ　(　half　)
④ いつか，そのうち　(sometime)
⑤ 外国，国外　(overseas)
⑥ インド[国名]　(　India　)

1 絵を見て，「もし明日…なら，私は～します」という文を作りなさい。

例 If it is hot tomorrow, I will go swimming.

(1)

(2)

(3)

□(1) ＿＿＿＿ it ＿＿＿＿ sunny tomorrow, I will play tennis.

□(2) ＿＿＿＿ it ＿＿＿＿ cloudy tomorrow, I ＿＿＿＿ go to the park.

□(3) ＿＿＿＿ it ＿＿＿＿ rainy tomorrow, I will ＿＿＿＿ to music.

Navi
それぞれ次の意味の文を作る

(1) もし明日晴れなら，私はテニスをします。
(2) もし明日くもりなら，私は公園へ行きます。
(3) もし明日雨なら，私は音楽を聞きます。

2 日本語に合う英語になるように，＿＿＿に正しい語を入れなさい。

□(1) ねえ，カレーライスはとても人気がありますよね。
＿＿＿＿ ＿＿＿＿, curry and rice is very popular.

□(2) その料理に興味があれば，この本を読んでください。
Read this book ＿＿＿＿ you ＿＿＿＿ ＿＿＿＿ ＿＿＿＿ the dish.

Point
・文頭にくるyou knowは話題について相手に同意を求める気持ちが含まれる。
・「…に興味がある」
→be interested in ...

3 日本語に合う英語になるように，語を正しく並べかえなさい。

□(1) 疲れているのなら，寝なさい。
to / tired / go / if / are / bed / you / .

＿＿＿＿＿＿＿＿＿＿＿＿＿＿＿＿＿＿＿＿

□(2) ケンが来たら，あなたに知らせます。
you / Ken / tell / comes / I'll / if / , / .

＿＿＿＿＿＿＿＿＿＿＿＿＿＿＿＿＿＿＿＿

Point
・ifの部分が文の後半に来るときは，コンマは使わない。
・未来の内容でも，ifのあとの動詞は現在形にする。

教科書内容の確認

次の英文が教科書24ページの本文の内容と合うものには○を，合わないものには×をつけなさい。

□(1) Josh will go to the restaurant with Meg, Kaito and Asami. (　　)

□(2) Josh knows about the history of curry and rice very well. (　　)

解答 p.4

Unit 2 Food Travels around the World

Read and Think ①

Key Sentence 7　接続詞　that

「…と思う」という言い方

I **think** (**that**) curry came to Japan from India.
(私はカレーはインドから日本に来たと思います。)

「私はカレーはインドから来たと思います」のように,「…と思う」と言うときは,「カレーはインドから来た」を表す文の前に，接続詞の **that** を置いて，主語＋**think** のあとに続ける。

I think that curry came to Japan from India.
主語＋think　主語＋動詞 ...

※接続詞の **that** は省略することができる。
※**that** ＋主語＋動詞 **...** の部分は動詞 think の目的語(…を)にあたる。

think 以外に，know(…を知っている)，say(…を言う)，hope(…を望む)も **that** **＋主語＋動詞 ...** を目的語にとることができる。

I know that Eri's mother is a nurse.　(私はエリのお母さんが看護師だと知っています。)
主語＋動詞 ...

Check!
私は日本の食べ物は人気があると思います。
I (think) (that) Japanese food is popular.

New Words

① 販売	(sale)	② 濃い，どろっとした	(thick)
③ 世紀，100年	(century)	④ 会社	(company)
⑤ …を生産する	(produce)	⑥ シェフ，コック長	(chef)
⑦ 直接に	(directly)	⑧ 粉	(powder)
⑨ イギリス[英国]の，イギリス人の	(British)		

1 日本語に合う英語になるように，＿＿＿に正しい語を入れなさい。

□(1) あなたはカレーがイギリスから来たことを知っていますか。

Do you know ＿＿＿＿＿ curry ＿＿＿＿＿ ＿＿＿＿＿ the U.K.?

□(2) イギリスの会社が売り物のカレー粉を生産しました。

A British company ＿＿＿＿＿ curry powder ＿＿＿＿＿ ＿＿＿＿＿.

□(3) そのシェフは大きく切ったジャガイモを使いました。

The chef used big ＿＿＿＿＿ ＿＿＿＿＿ potatoes.

Navi

それぞれ次の表現を使って文を作る

(1)「…を知っている」
→know that＋主語＋動詞 ...

(2)「売り物の」
→for sale

(3)「大きく切った…」は「大きな断片の…」と考える。

2 英語の意味を日本語で書きなさい。

□(1) I don't think that the idea is good.

私は（　　　　　　　　　　　　　　　　　　　　）。

□(2) Do you think the question is easy?

あなたは（　　　　　　　　　　　　　　　　　　）。

Point

・I don't think that＋主語＋動詞 ....
→「私は…と思わない」

・接続詞のthatは省略することができる。

3 日本語に合う英語になるように，語句を正しく並べかえなさい。

□(1) 私たちはあなたが早く元気になることを望んでいます。

hope / soon / that / you'll / we / get well / .

＿＿＿＿＿＿＿＿＿＿＿＿＿＿＿＿＿＿＿＿＿＿＿＿

□(2) ケンはティムがイギリス出身だと知っていますか。

is / Ken / from / know / Tim / the U.K. / does / ?

＿＿＿＿＿＿＿＿＿＿＿＿＿＿＿＿＿＿＿＿＿＿＿＿

Point

・「…を望む」
→hope (that)＋主語＋動詞 ...

教科書内容の確認

教科書26ページの本文の内容について，質問に英語で答えなさい。

□(1) Did curry come to Japan directly from India?

— ＿＿＿＿＿, it ＿＿＿＿＿.

□(2) When did the curry powder come to Japan?

— In ＿＿＿＿＿ ＿＿＿＿＿ ＿＿＿＿＿.

解答 p.5

Unit 2 Food Travels around the World
Read and Think ②

Key Sentence 8　接続詞　because

「(なぜなら)…だから」という言い方

I do not eat sushi **because** I do not like raw fish.
[**Because** I do not like raw fish, I do not eat sushi.]
（私は生魚が好きではないので，すしを食べません。）

「(なぜなら)…だから」と言うときは，接続詞の **because** を使う。
because＋主語＋動詞 **...** の部分が，「(なぜなら)…だから」という理由を表し，もう一方の主語＋動詞 **...** の部分につながる。

I do not eat sushi　because　I do not like raw fish.
結果を表す文　　理由を表す文

because に続く部分を文の前半に置くときは，もう一方の部分の前にコンマを置く。

Because　I do not like raw fish, I do not eat sushi.
主語＋動詞 ...　└コンマ　主語＋動詞 ...

Because＋主語＋動詞 **....** は，Why **...**？に対して答えるときによく使われる。

Why are you tired?（なぜあなたは疲れているのですか。）
── Because I practiced tennis hard.（熱心にテニスの練習をしたからです。）

Check!
今日は晴れていないので，私は外出しません。
I do not go out (because) it is not sunny today.

New Words
① …を巻きつける（ wrap ）② …を創造する，つくり出す（ create ）
③ 外側，外部（ outside ）④ …で，…を使って（ with ）

1 ______に入る語を，下から選んで書きなさい。ただし，同じ語は二度使いません。

□(1) Tim was studying ______ I visited him.

□(2) I'll give you this pen ______ you want it.

□(3) I'll go to bed now ______ I'm tired.

If	because	when

Navi それぞれ次の意味の文を作る

(1) 私がティムを訪ねたとき，彼は勉強していました。
(2) もしあなたがほしいなら，このペンをあげましょう。
(3) 私は疲れているから，もう寝ます。

2 日本語に合う英語になるように，______に正しい語を入れなさい。

□(1) シェフは特別なトマトソースを使ってスパゲティを作りました。
The chef made spaghetti ______ a special tomato sauce.

□(2) 彼はその料理をイタリアのナポリにちなんで，“ナポリタン”と名づけました。
He ______ the dish “*Napolitan*” ______ Naples in Italy.

Point
・「…で[…を使って]」→ with ...
・「AにBと名づける」→ name + A + B

3 日本語に合う英語になるように，語句を正しく並べかえなさい。

□(1) 私は美術に興味があるので，よく美術館に行きます。
interested / art / I'm / because / in
I often visit a museum ______.

□(2) 私は忙しいので，買い物には行けません。
because / busy / go shopping / I'm / can't
I ______.

Point
・「…ので」の部分は because ではじめる。
・I ではじめるので，「…ので」を表す部分はあとに置く。

教 科書内容の確認

教科書28ページの本文の内容について，質問に英語で答えなさい。

□(1) Did a Japanese chef bring “spaghetti *Napolitan*” to Japan from Italy?
— ______, he ______.

□(2) Why did Japanese chefs wrap the rice on the outside of California rolls?
— ______ many people in the U.S. ______ ______ ______.

解答 p.5

Unit 2 総合問題

教科書 23 ▸ 29

1 文法 （　　）に入る正しい語を選んで書きなさい。

□(1) (When, if) I was ten, I came to this city. ______

□(2) Tell me (because, if) you want to use the computer. ______

□(3) I think (this, that) people here are kind. ______

□(4) I like this picture (because, when) it's beautiful. ______

2 語句・表現 日本語に合う英語になるように，______に正しい語を入れなさい。

□(1) その公園では多くの種類の鳥を見ることができます。

We can see ______ ______ ______ birds in the park.

□(2) あなたはその計画について聞きましたか。

Did you ______ ______ the plan?

□(3) エレンは日本の文化に興味がありますか。

______ Ellen ______ ______ Japanese culture?

□(4) 彼は自分の子供に，日本の美しい花にちなんで“さくら”と名づけました。

He ______ his child “Sakura” ______ beautiful flowers in Japan.

3 文法 各文を（　　）内の指示にしたがって書きかえなさい。

□(1) I opened the door. Then, I found the box.（ほぼ同じ意味の１文に）

______ I opened the door, I found the box.

□(2) Amy thought that Japanese was difficult.（疑問文に）

______ Amy ______ ______ Japanese was difficult?

□(3) Ken likes omelet. So I'll make it for him.（ほぼ同じ意味の１文に）

I'll make ______ for Ken ______ he likes it.

ヒント

1(3)「…と思う」＝think that ...　2(3)「…に興味がある」＝be interested in ...

3(1) then＝「そのときに」　(2)「エイミーは…と思いましたか」という意味の文に。

(3) so＝「だから」

4 文法　日本語に合う英語になるように，語句を正しく並べかえなさい。

□(1)　私は図書館に行ったときに，リカに会いました。

when / to / saw / I / the library / I / Rika / went / .

□(2)　明日，暑かったら，泳ぎに行きましょう。

go swimming / hot / it / let's / tomorrow / is / if / .

□(3)　私はあなたがその試合に出られたらよいと願っています。

hope / the game / you / join / I / can / .

5 読解　文章を読んで，あとの問いに答えなさい。

Many people think curry came to Japan directly from India. But do you know that it really came from the U.K.?

In the 18th century, special curry spices came to the U.K. from India, and curry became popular. Later, a British company produced curry powder for sale. The cooking of curry became easy.

In the 19th century, this curry arrived in Japan. Japanese chefs put flour in the curry, and it became thick. They also used big pieces of potatoes, onions, and carrots. Then they put it on rice. This became the Japanese "curry and rice."

□(1)　下線部thisは何を指していますか。それを説明した次の日本語を完成しなさい。

(　　　　　)から入ってきたカレーに，(　　　　　)を混ぜてどろっとさせ，大きく切ったジャガイモ，タマネギ，ニンジンを使って，(　　　　　)カレー料理。

□(2)　本文の内容について，質問に英語で答えなさい。

Why did the cooking of curry become easy?

ヒント

4(1)　選択肢にコンマがないことに着目する。　(2)「…しましょう」は，Let's .... で文をはじめる。

5(1)　本文第２～３段落の内容に着目する。　(2)　本文第２段落の内容に着目する。

解答 p.5

ていねいなお願い ―許可を求める・依頼する―

Today's Point　ていねいに許可を求めたり，依頼したりする文

May I ask you a favor**?** —— Sure.
（1つお願いしてもよろしいですか。 —— もちろん。）

Could you take our picture**?** —— All right. / OK.
（私たちの写真を撮ってくださいませんか。 —— いいですよ。）

「…してもよろしいですか」と，ていねいに許可を求めるときは，**May I ...?** の文を使う。

「…してもよろしいですか」　May I ask you a favor?
（ask：動詞　ask you a favor：自分がしたいこと）

「…してくださいませんか」と，ていねいに依頼するときは，**Could you ...?** の文を使う。

「…してくださいませんか」　Could you take our picture?
（take：動詞　take our picture：相手にしてもらいたいこと）

お願いを許可したり，引き受けたりするときは，Sure.，All right.，OK. のほかに，No problem.（いいですよ）と言う。
また，許可しない，断るときは，I'm sorry, but ....「すみませんが，…」と理由をそえて断る。

Check!

1つお願いしてもよろしいですか。 —— もちろん。
(May) (I) ask you a favor? —— Sure.
いすを持ってきてくださいませんか。 —— いいですよ。
(Could) (you) bring a chair? —— All right.

New Words

① 親切な行為 (favor)　② メニュー (menu)
③ (…に)電話をかける (call)　④ もう1つ[人]の (another)
⑤ …に(～を)頼む (ask)　⑥ …してもよい (may)

1 絵の人物になったつもりで，(1)(2)は「…してもよろしいですか」，(3)は「…してくださいませんか」とていねいに言う文を作りなさい。

(1)

(2)

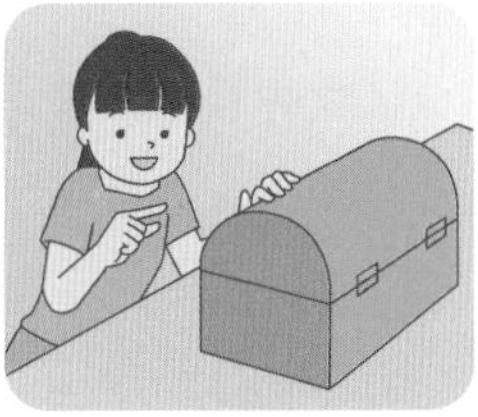

(3)

□(1) ______ ______ watch TV?

□(2) ______ ______ open this box?

□(3) ______ ______ put the books on that table?

Navi
それぞれ次の意味の文を作る

(1) テレビを見てもよろしいですか。
(2) この箱を開けてもよろしいですか。
(3) 本をあのテーブルの上に置いてくださいませんか。

2 次の対話文が成り立つように，______に正しい語を入れなさい。

□(1) *A*：______ ______ have lunch here?
B：OK. Please use this table.

□(2) *A*：______ ______ take our picture?
B：Sure. ______ cheese!

□(3) *A*：______ ______ show me the book?
B：______ problem. Here you are.

□(4) *A*：This cake is very good. May I have ______ one?
B：I'm ______, but you can't. It's for Sally.

Navi
それぞれ次の意味の会話になる

(1)A：ここで昼食を食べてもよろしいですか。
B：はい。このテーブルを使ってください。
(2)A：写真を撮ってくださいませんか。
B：もちろん。はい，チーズ！
(3)A：その本を見せてくださいませんか。
B：いいですよ。はい，どうぞ。
(4)A：このケーキはとてもおいしいです。もう一つ食べてもよろしいですか。
B：すみませんが，だめです。それはサリーの分です。

3 日本語に合う英語になるように，語句を正しく並べかえなさい。

□(1) 1つお願いしてもよろしいですか。
ask / may / a favor / I / you / ?

____

□(2) あとで折り返し電話してくださいませんか。
call / later / could / back / you / ?

____

Point
・「…にお願いする」
→ask ... a favor
・「折り返し電話する」
→call back later

解答 p.6

Grammar for Communication ②

教科書 32

接続詞 —— 文をつなげよう

２つの文をつなげる働きをする言葉を接続詞という。
接続詞のwhen，if，becauseに続く部分は文の後半，または前半のどちらにも置くことができる。前半に置く場合は，必ずコンマ(**,**)をつける。

形を覚えよう

when 時 「…のときに」	I read a book **when** I have free time. （I have free time. …時を表す内容の文） ★未来のことでもwhenのあとの動詞は現在形を使う
if 条件 「もし…ならば」	**If** it is sunny tomorrow, I will go swimming. （it is sunny tomorrow …条件を表す内容の文） ★未来のことでもifのあとの動詞は現在形を使う
that 考え・意見 「…ということ」	I think **that** this movie is interesting. （this movie is interesting. …考えや意見を表す内容の文） ★接続詞のthatは省略できる ★thinkの他によく使われる動詞はknow，say，hopeがある
because 理由 「(なぜなら)…だから」	I stayed at home **because** it was hot. （it was hot. …理由を表す内容の文）

1 (　　)に入る正しい語を選んで書きなさい。

□(1) (If, That) you come here, you can see the bird. ＿＿＿＿

□(2) We can't go camping today (because, when) it is cold. ＿＿＿＿

□(3) When Lisa (will come, comes), please ask her. ＿＿＿＿

□(4) I was in the library when Tom (calls, called) me. ＿＿＿＿

□(5) I think that time (is, was) money. ＿＿＿＿

❷ 日本語に合う英語になるように，______に正しい語を入れなさい。

□(1) 来月，私が京都を訪ねるときに，たくさん写真を撮るつもりです。

______ ______ visit Kyoto next month, I will take many pictures.

□(2) もし私のネコを見つけたら，私に教えてください。

Please tell me ______ you ______ my cat.

□(3) 彼は自分の傘を持っていると言います。

He ______ ______ he has his umbrella.

□(4) このかばんは人気があるので，私はそれがほしいです。

I ______ this bag ______ it is popular.

❸ 次の文を，(　　)内の接続詞を使って，ほぼ同じ意味の文に書きかえなさい。

□(1) Read this book, then you can find important things. (if)

____

□(2) It was cold, so I had hot milk. (because)

____

❹ 日本語に合う英語になるように，語句を正しく並べかえなさい。

□(1) 私がリカを見たとき，彼女は勉強していました。

was / I / she / studying / saw / Rika / when / , / .

____

□(2) バスに乗らなければ，あなたはおくれますよ。

late / you / a bus / be / if / take / you'll / don't / .

____

□(3) 暑かったので，昨夜はよく眠れませんでした。

sleep well / was / because / I / it / last night / hot / didn't / .

____

解答 p.6

Let's Listen ② インタビュー

教科書 34

インタビューを聞き，質問の内容や答えを聞き取る

職業体験などのインタビューを聞くときは，質問する側がどのような疑問詞を使って質問しているかに注意し，答えの内容を予測しよう。また，答える側が質問されたこと以外に，自ら話す内容にも大切なことが含まれているので注意深く聞き取ろう。

練習1 インタビューの前半を聞いて，それに合うものをそれぞれ選び，記号で答えなさい。

① シェフになってからの年数	ア 5年 イ 8年 ウ 13年
② シェフを目指したきっかけ	ア おじさんへのあこがれ イ おじさんの助言
③ 仕事のやりがい	ア 自分の店を持つこと イ 多くの人に料理を楽しんでもらうこと

□① (　　)　□② (　　)　□③ (　　)

練習2 インタビューの後半を聞いて，あとに続く質問の答えになるように，＿＿＿に正しい語を入れなさい。

□① To ＿＿＿＿＿ new good ＿＿＿＿＿.

□② Because many ＿＿＿＿＿ ＿＿＿＿＿ ＿＿＿＿＿ ＿＿＿＿＿ visit his restaurant, and he hopes they will ＿＿＿＿＿ the ＿＿＿＿＿ there.

1 インタビューを聞いて，次の質問に答えなさい。

(1) インタビューの内容に合うものをそれぞれ選び，記号で答えなさい。

① 野球選手にとって大事なこと	ア 練習すること イ 休息すること
② 野球をはじめたきっかけ	ア スタジアムでの観戦 イ 父親の影響
③ 緊張したときにすること	ア 自分の練習を思い出す イ 父親の言葉を思い出す

□① (　　)　　□② (　　)　　□③ (　　)

(2) インタビューのあとに続く質問の答えになるように，_____に正しい語を入れなさい。

□① He practices _____ _____ even when he _____ _____ a _____.

□② They _____ _____ _____ and are _____.

2 インタビューを聞いて，次の質問に答えなさい。

(1) インタビューの内容に合うものをそれぞれ選び，記号で答えなさい。

① 市役所で働いている年数	ア 2年　　イ 7年　　ウ 11年
② 市役所で働こうと思ったきっかけ	ア 留学 イ 外国で働いた経験
③ 仕事の内容	ア 困っている外国人の支援 イ 国際交流

□① (　　)　　□② (　　)　　□③ (　　)

(2) インタビューのあとに続く質問の答えになるように，_____に正しい語を入れなさい。

□① Because they _____ _____ _____.

□② To _____ to the foreign people well and try to _____ them.

解答 p.6

Unit 3 My Future Job

Scene ①

Key Sentence 9　不定詞(副詞的用法)

「…するために」という言い方

We use computers to do many things.
(私たちはたくさんのことをするためにコンピュータを使います。)

「…するために」と，行動の目的を説明するときは，**to＋動詞の原形**を使う。

「…するために」　We use computers **to do** many things.

do の目的語

to＋動詞の原形…は，「コンピュータを使う」目的を表す

to＋動詞の原形の動詞は，目的語などの語句をともなうことも，ともなわないこともある。

Tim went to the library **to study**.　(ティムは勉強するために図書館へ行きました。)

「…するために」という意味を表す**to＋動詞の原形**を使った文は，Why ...?の文に対する答えの文として使うことができる。

Why did you go to the library?　(なぜ図書館へ行ったのですか。)

― **To study**.　(勉強するためです。)

Check!
彼は医者になるために一生懸命に勉強します。
He studies hard (to) (become [be]) a doctor.

New Words

① …すべきである (should)　② (…を)学ぶ，習う (learn)
③ 現れる，姿を現す (appear)　④ 姿を消す，消滅する (disappear)
⑤ 進歩，発達 (progress)　⑥ life の複数形 (lives)

1 絵を見て，「…するために～へ行きました」という文を作りなさい。

例 I went to school to practice the guitar.

(1)

(2)

(3)

Navi

それぞれ次の意味の文を作る

(1) サキは写真を撮るために公園へ行きました。
(2) リクは観覧車に乗るために遊園地へ行きました。
(3) エミリーとジョンは泳ぐために海辺へ行きました。

□(1) Saki went to the park ＿＿＿ ＿＿＿ pictures.

□(2) Riku went to the amusement park ＿＿＿ ＿＿＿ the Ferris wheel.

□(3) Emily and John went to the beach ＿＿＿ ＿＿＿.

2 日本語に合う英語になるように，＿＿＿に正しい語を入れなさい。

□(1) 人工知能の進歩は私たちの生活をかえています。
The ＿＿＿ of AI is ＿＿＿ our lives.

□(2) 私たちはどのように人工知能の時代に直面すべきでしょうか。
How ＿＿＿ we ＿＿＿ the ＿＿＿ of AI?

Point

・「…をかえる」
→change ...
・「…すべきである」
→should＋動詞の原形

3 日本語に合う英語になるように，語を正しく並べかえなさい。

□ 私たちは学ぶためにコンピュータを使います。
learn / use / to / we / computers / .

＿＿＿＿＿＿＿＿＿＿＿＿＿＿＿＿

Point

・「…するために」
→to＋動詞の原形

教 科書内容の確認

次の英文が教科書37ページの本文の内容と合うものには○を，合わないものには×をつけなさい。

□(1) Our lives are changing with the progress of AI. (　　)

□(2) Some jobs will disappear if we don't use computers. (　　)

解答 p.9

Unit 3 My Future Job
Scene ②

Key Sentence 10　不定詞（原因を表す副詞的用法）

「…して」と感情の原因を表す言い方

I am surprised **to see** this.
（私はこれを見て驚いています。）

「…して驚いています」や「…してうれしい」のように，ある感情が生まれた原因や理由を表すときは，**to＋動詞の原形**を使う。

「…を見て驚いている」　I am surprised **to see** this.

感情を表す形容詞（surprised）
to＋動詞の原形は，「驚いた」原因や理由を表す

感情を表す形容詞	
happy	（幸せな，うれしい，楽しい）
angry	（怒った，腹を立てた）
excited	（わくわくした）
glad	（うれしい）
sad	（悲しい）

この文は，理由を表す接続詞の because を使った文と書きかえられる場合がある。

I am happy **to get** this ticket.　（私はこのチケットが手に入ってうれしい。）
＝I am happy because I can [could] get this ticket.
（私はこのチケットを手に入れることができる[できた]のでうれしい。）

Check!
私たちはそのアイディアを聞いて驚いています。
We are surprised (to) (hear) the idea.

New Words

①	記事	(article)	②	忠告，助言	(advice)
③	職業	(career)	④	驚いた	(surprised)
⑤	翻訳	(translation)	⑥	翻訳家，通訳者	(translator)

1 英語の意味を日本語で書きなさい。

□(1) I was there to wait for a bus.

(　　　　　　　　　　　　　　　　　　　　　　　　)

□(2) We are happy to join this event.

(　　　　　　　　　　　　　　　　　　　　　　　　)

Navi
それぞれ次の表現に注意する

(1) to wait ... は I was there の目的を表す。
(2) to join ... は We are happy の原因を表す。

2 日本語に合う英語になるように，______ に正しい語を入れなさい。

□(1) 私は将来，シェフになりたいです。

I want to be a chef ______ ______ ______.

□(2) 記事によれば，新しい仕事が現れるということです。

______ ______ the article, new jobs will appear.

□(3) 人工知能がいくつかの翻訳の仕事を奪うでしょう。

AI will ______ some translation jobs ______.

Point

・「未来［将来］」→future
・「…を奪う」→take ... away

3 日本語に合う英語になるように，語句を正しく並べかえなさい。

□(1) それを聞いて残念に思います。

sorry / that / hear / I'm / to / .

____

□(2) その記事には何と書いてあるのですか。

does / say / what / the article / ?

____

Point

・「…と書いてある」は「…と言っている」と考える。

教 科書内容の確認

教科書38ページの本文の内容について，質問に英語で答えなさい。

□(1) What does Asami want to be in the future?

—— She wants to be a ______.

□(2) Why does Asami feel sorry?

—— Because some translation jobs ______ ______.

解答 p.9

Unit 3 My Future Job
Read and Think ①

Key Sentence 11　不定詞(形容詞的用法)

「…すべき」「…するための」という言い方

We have various things to translate.
（翻訳すべきものはいろいろあります。）

to＋動詞の原形は，「…すべき」や「…するための」という意味を表し，すぐ前にある名詞や代名詞(somethingなど)を修飾《しゅうしょく》することがある。

「…すべき」　We have various <u>things</u> **to translate**.

to＋動詞の原形は，「もの」について説明している

to＋動詞の原形の前に代名詞があるときは，自然な日本語にするように気をつける。

I want <u>something</u> **to drink**. （私は飲み物がほしいです。）

「飲むための何か」⇒「飲み物」

They don't have <u>anything</u> **to eat**. （彼らは食べ物が何もありません。）

「食べるための何か」⇒「食べ物」

Check!　彼女が訪ねるべき場所はいろいろあります。
She has various places (　to　) (　visit　).

New Words

①	(…を)説明する	(explain)	②	…を発達させる	(develop)
③	…を訳す，翻訳する	(translate)	④	…を続ける	(continue)
⑤	knowの過去形	(knew)	⑥	文	(sentence)
⑦	強さ，長所	(strength)	⑧	知識，理解	(knowledge)

1 絵を見て，「…すべき～がたくさんあります」という文を作りなさい。

例 I have many pictures to show you.

(1)

(2)

(3)

□(1) Saki has many things ______ ______.

□(2) Riku has many ______ to ______.

□(3) Saki and John have many ______ ______ take care of.

Navi
それぞれ次の意味の文を作る

(1) サキにはすべきことがたくさんあります。
(2) リクには読むべき本がたくさんあります。
(3) サキとジョンにはだいじにすべきネコがたくさんいます。

Unit 3

2 日本語に合う英語になるように，______に正しい語を入れなさい。

□(1) あなたは自分の言語の感覚を発達させる必要があります。
You need to ______ your ______ of language.

□(2) それは将来，あなたの長所となることがあり得ます。
It ______ ______ your strength in the future.

Point
・「感覚[センス]」
→sense
・「…することがあり得る」
→can＋動詞の原形

3 日本語に合う英語になるように，語を正しく並べかえなさい。

□(1) ほかに学ぶべきことがあります。
to / are / things / study / there / other / .

____

□(2) 私に食べ物をください。
eat / give / something / to / please / me / .

____

Point
・「食べ物」は「食べるための何か」と考える。

教科書内容の確認

次の英文が教科書40ページの本文の内容と合うものには○を，合わないものには×をつけなさい。

□(1) Asami didn't think that to translate some sentences was difficult. (　　)

□(2) Ms. Tanaka said that a deep knowledge of Japanese is important for translation. (　　)

解答 p.10

Unit 3 My Future Job

Read and Think ②

Key Sentence 12　It is ... ＋to＋動詞の原形

「～するのは…です」という言い方

It is important **to use** AI effectively.
（人工知能を効果的に使うことが重要です。）

「～するのは…です」と，「～すること」を主語にして言うときは，itを主語にして**to ＋動詞の原形**を使った文で表すことができる。

「～するのは…です」　To use AI effectively is important.
└〈to＋動詞の原形を含む部分〉が主語の文

It is important to use AI effectively.
└形のうえでの主語　└意味のうえでの主語

※itはこの文章の主語だが，形のうえでの主語なので，「それは」という意味を持たない。

不定詞を文のはじめに置くと，主語の長い文になってしまうよね。それを避けるために，itを主語にするんだよ。

Check!　英語の本を読むことは難しいです。
(It) (is) difficult (to) (read) English books.

New Words

① 感情，気持ち　(feeling)　② 筆者，作家　(writer)
③ 人間，人　(human)　④ 理由，根拠　(reason)
⑤ 意味　(meaning)　⑥ …をとらえる　(catch)
⑦ 何でも　(everything)　⑧ 必要な　(necessary)
⑨ …（と～）の間で　(between)　⑩ …かもしれない　(may)
⑪ 【原因・手段】…のために，…によって　(through)

❶ 絵を見て，「～するのは…です」という文を作りなさい。

例 It is important to go to bed early.

(1)

important

(2)

necessary

(3)

useful

Navi
それぞれ次の意味の文を作る

(1) 本を読むのは大切です。
(2) 休息をとることは必要です。
(3) コンピュータを使って勉強するのは役に立ちます。

□(1) ______ is ______ ______ read books.

□(2) ______ ______ ______ to take a rest.

□(3) It ______ ______ ______ study with a computer.

❷ 日本語に合う英語になるように，______に正しい語を入れなさい。

□(1) AI は意味を誤解するかもしれません。
AI ______ misunderstand the meaning.

□(2) 私たちはときどき大切なものを見逃します。
We sometimes ______ important things.

Point
・「…かもしれない」
→may＋動詞の原形
・「…を見逃す」
→miss

❸ 日本語に合う英語になるように，語句を正しく並べかえなさい。

□ 筆者の気持ちをとらえるのは大切です。
to / a writer's / is / catch / it / feelings / important / .

____

Point
・「…するのは大切だ」
→It is important to＋動詞の原形 ....

教科書内容の確認

教科書42ページの本文の内容について，質問に英語で答えなさい。

□(1) Can AI translate sentences without mistakes? （注）mistake 間違い
—— ______, it ______.

□(2) Why do people use languages?
—— To ______ ______.

解答 p.10

Unit 3 総合問題

教科書 37 ▸ 43

1 文法　下線部と同じ用法の不定詞を含む文を，それぞれア～ウから選び，記号で答えなさい。

□(1) He came home early to watch TV.　(　　)

□(2) I was happy to hear her words.　(　　)

□(3) I didn't have time to have lunch.　(　　)

ア　Were you surprised to see this?
イ　I ran to catch the bus.
ウ　I have nothing to say.

2 語句・表現　日本語に合う英語になるように，______に正しい語を入れなさい。

□(1) その本によると，この辺りでその店を見つけることができます。
______ ______ the book, we can find the shop around here.

□(2) AIはすべてを奪わないでしょう。
AI won't ______ everything ______.

□(3) 私は将来，留学したいです。
I want to study abroad ______ ______ ______.

□(4) 言語は異なる文化に私たちを結びつけることができます。
Languages can ______ us ______ different cultures.

3 文法　ほぼ同じ意味の文になるように，______に正しい語を入れなさい。

□(1) Sally was excited because she saw the actor.
Sally was excited ______ ______ the actor.

□(2) I gave the cat some food.
I gave the cat ______ ______ ______.

□(3) To communicate with foreign people is interesting.
______ ______ ______ to communicate with foreign people.

ヒント

1(1)「見るために」という意味。　(2)「聞いて」という意味。　(3)「食べるための」という意味。
3(1) 感情の理由を表す不定詞を使う。　(2)「食べ物」＝「食べるための何か」

4 文法　日本語に合う英語になるように，語句を正しく並べかえなさい。

□(1)　私はケーキを作るためにいくつかの卵を買いました。

make / bought / to / a cake / some eggs / I / .

□(2)　京都には訪ねるべき多くの美術館があります。

are / Kyoto / to / there / in / visit / many museums / .

□(3)　その問題について考えることは大切です。

is / to / about / important / think / the problem / it / .

5 読解　朝美《あさみ》の職業体験についてのレポートを読んで，あとの問いに答えなさい。

My friends and I went to a translation company on Career Day. Ms. Tanaka, a translator there, explained her job, and we translated some sentences. It was difficult, but I enjoyed it a lot.

I knew that English is important, but I learned that there are ①<u>other things to study</u>. Ms. Tanaka said, "You should also have a deep knowledge of Japanese. You need to develop your sense of language."

She also said, "We have various things to translate. Sometimes we need general knowledge, and sometimes we need specific knowledge. If you are interested in something, you should continue to learn about it. ②<u>It can be your strength in the future.</u>"

□(1)　下線部①とはどのような勉強ですか。それを説明した日本語を完成しなさい。

(　　　　　　　　　　)を持つための勉強や，自分の(　　　　　　　　　　)を発達させるための勉強。

□(2)　下線部②の意味をitが何を指しているか具体的に示して日本語で書きなさい。

(　　　　　　　　　　　　　　　　　　　　)

□(3)　朝美になったつもりで，質問に英語で答えなさい。

Was it fun to translate some sentences?

ヒント

4(2)　名詞のあとに不定詞を続ける。　(3)「～するのは…です」＝It is ... to＋動詞の原形

5(1)　直後の田中さんの発言内容に着目する。　(2)　直前の1文の内容に着目する。

解答 p.10

留守番電話のメッセージへの返信 ―メール―

返信メールの書き方

About Our Career Day	職業体験について
Hi, Josh.	こんにちは，ジョシュ。
I'm sorry I missed your phone call.	電話に出られなくてごめんなさい。
Yes, I'm free on Saturday. Let's meet and put some ideas on paper. …	うん，ぼくは，土曜日はひまだよ。会って，アイディアを紙に書きだそう。…
I'm looking forward to talking with you.	きみと話すのを楽しみにしているよ。
By for now,	それでは，
Taro	太郎

メールの形式はふつう，「タイトル」「はじめのあいさつ」「導入」「内容」「まとめ」「終わりのあいさつ」「署名」の順で書く。

最初に，何についてのメールなのかわかるようにタイトルを簡潔に書く。

タイトルはそれぞれの単語の最初を大文字で書く。ただし，文中の a や the，前置詞などはそのままにする。

About the Practice on Sunday　（日曜日の練習について）
└ 小文字のまま ┘　└ピリオドはつけない

導入では，電話に出られなかったことへのおわびや，連絡をくれたことへのお礼などを書く。

I'm sorry (that) I missed your phone call.
Thank you for your e-mail.　（メールをどうもありがとう。）

次に，相手の質問への答えや，言いたいことを簡潔に書く。

Yes, I'm free on Saturday.

終わりには，By for now, などのように別れのあいさつをしてから，自分の名前を書く。

Check!　あなたを手伝えなくてごめんなさい。
(　I'm　) (　sorry　) I couldn't help you.

New Words

① Eメール	(e-mail)	② 電話	(phone)
③ 紙，用紙	(paper)	④ …をつける	(attach)

❶ ティムがミサキにあてた返事のメールの一部です。日本語に合う英語になるように，＿＿＿に正しい語句を入れなさい。

> 電話に出られなくてごめんなさい。その日はひまです。ぜひ，あなたの学校の学校祭に参加したいです！　もし案内のちらしがあれば，それを見たいです。学校祭を楽しみにしています。
>
> □① ＿＿＿＿＿＿＿＿＿＿＿＿＿＿ I missed your phone call. :’ -(
> □② ＿＿＿＿＿＿＿＿＿＿＿＿＿＿ on that day. I really want to join your school festival! If you have a leaflet, I want to see it. I'm □③ ＿＿＿＿＿＿＿＿＿＿＿＿＿＿ the festival.
>
> (注)案内のちらし　leaflet

Navi それぞれ次の表現に注意して文を作る

① 「(…して)ごめんなさい」
→I'm sorry (that) ....
② 「ひまな」
→free
③ 「…を楽しみに待つ」
→look forward to＋名詞[動詞のing形]

❷ ミサキがティムにあてた返事のメールです。日本語に合う英語になるように，＿＿＿に正しい語句を入れなさい。

> 私たちの学校祭について
> こんにちは，ティム。
> メールをどうもありがとう。それを見てうれしかったです。学校祭の案内のちらしをこのメールにつけてあります。見てみてね。
> それでは，
> ミサキ
>
> About Our School Festival
> Hi, Tim.
> □① ＿＿＿＿＿＿＿＿＿＿＿＿＿＿ your e-mail. I was happy to see it. □② ＿＿＿＿＿＿＿＿＿＿＿＿＿＿ the leaflet to this e-mail. □③ ＿＿＿＿＿＿＿＿＿＿＿＿＿＿.
> Bye □④ ＿＿＿＿＿＿＿＿＿＿＿＿＿＿, :-)
> Misaki

Point

- 「…をどうもありがとう」
→thanks [thank you] for＋名詞
- 「…を～につける」
→attach ... to ～
- 「ちらりと見る，見てみる」
→take a look
- 「(メールの結び)それでは」
→Bye for now,

解答 p.10～11

不定詞 —— 表現の幅《はば》を広げよう

to＋動詞の原形を**不定詞**といい，文の中で主に３つの働きをする。

形を覚えよう

名詞的用法 「…すること」 「…するのは～です」

I want to play video games.

動詞の目的語

To see is to believe.

主語　補語

It is important to study history.

itがto以下の内容を示す

★It is＋形容詞＋to＋動詞の原形 ....の文のitは形式上の主語。

副詞的用法 「…するために」 「…して」

I went to the park to play tennis.

動作の目的を表す

I was surprised to see you there.

感情の原因・理由を表す

★過去についての文でも，toのあとは動詞の原形。

形容詞的用法 「…するための」 「…すべき」

I want something to eat now.

直前の代名詞に情報を加える

I have a lot of homework to do.

直前の名詞に情報を加える

★不定詞の前に代名詞があるときは，自然な日本語になるように訳する。something to eat＝「食べるための何か」⇒「食べ物」

1 下線部と同じ用法の不定詞を含む文を，それぞれア～ウから選び，記号で答えなさい。

□(1) Rika tried to speak English then.　(　　)

□(2) I went to the shop to buy some fruit.　(　　)

□(3) We have a lot of work to do.　(　　)

ア　We were happy to hear that.

イ　Please tell me some good places to visit.

ウ　It is fun to play the piano.

② 日本語に合う英語になるように，＿＿＿に正しい語を入れなさい。

□(1) 私の仕事は英語を教えることです。

My job is ＿＿＿＿＿ ＿＿＿＿＿ English.

□(2) タクミは看護師になるために熱心に勉強しています。

Takumi studies hard ＿＿＿＿＿ ＿＿＿＿＿ a nurse.

□(3) 私たちは試合に勝ってうれしいです。

We are happy ＿＿＿＿＿ ＿＿＿＿＿ the game.

□(4) 私は朝食を食べる時間がありませんでした。

I didn't have time ＿＿＿＿＿ ＿＿＿＿＿ breakfast.

③ 英語の意味を日本語で書きなさい。

□(1) It is necessary to learn about computers.

(　　　　　　　　　　　　　　　　　　　　　　　　)

□(2) Rika bought some vegetables to make a salad.

(　　　　　　　　　　　　　　　　　　　　　　　　)

□(3) We have nothing to do this afternoon.

(　　　　　　　　　　　　　　　　　　　　　　　　)

④ 日本語に合う英語になるように，語句を正しく並べかえなさい。

□(1) 私はこの公園で昼食を食べるのが好きです。

like / this park / have / in / to / lunch / I / .

＿＿＿＿＿＿＿＿＿＿＿＿＿＿＿＿＿＿＿＿＿＿＿＿

□(2) サリーは私に会うためにここに来ました。

me / see / came / to / here / Sally / .

＿＿＿＿＿＿＿＿＿＿＿＿＿＿＿＿＿＿＿＿＿＿＿＿

□(3) あなたには読むべき本がありますか。

have / read / do / to / a book / you / ?

＿＿＿＿＿＿＿＿＿＿＿＿＿＿＿＿＿＿＿＿＿＿＿＿

解答 p.11

Stage Activity ①　教科書 48 ▸ 50

A Message to Myself in the Future

重要文　10年後の自分へのメッセージ

I am writing from 2022. How are you? **Do you remember** the trip to Kyoto? … **I want to be** a tour guide like her. **I will** learn about the history and culture of many places in Japan. … So, **it is important to** improve my English skills.

2022年から手紙を書いています。お元気ですか。京都への旅行を覚えていますか。…私は彼女のようなツアーガイドになりたいです。私は日本の多くの場所の歴史や文化を学ぶつもりです。…だから，自分の英語の技術を向上させるのが大事です。

自分に合うと思う仕事について考えて，10年後の自分へのメッセージを書くときには，「なりたい職業」「その仕事に興味を持ったきっかけ」「今後したいこと」「大切なこと」などを書くとよい。

ここでは，最初にその仕事に興味を持ったきっかけを書いている。

Do you remember the trip to Kyoto?

Do you remember that you went to see a movie with Eri?

（エリといっしょに映画を見に行ったことを覚えていますか。）

将来，なりたい職業は，**I want to be ….** の文で表す。

I want to be an actor. （私は俳優になりたいです。）

a[an]＋職業名

今後したいことは，**I will＋動詞の原形 ….** の文で表す。

I will learn about the history and culture of many places in Japan.

その職業につくために大切なことは，**It is important to＋動詞の原形 ….** の文で表す。

It is important to improve my English skills.

Check!

ほかの文化を理解することが大事です。

(It) (is) (important) (to) understand other cultures.

New Words

① 腕前，技術	(skill)	② 伝言，メッセージ	(message)
③ 私自身を[に]	(myself)	④ …を上達させる	(improve)
⑤ …を紹介する	(introduce)	⑥ teachの過去形	(taught)

1 日本語に合う英語になるように，＿＿＿に正しい語を入れなさい。

□(1) あなたはピアノのコンサートを覚えていますか。

＿＿＿ ＿＿＿ ＿＿＿ the piano concert?

□(2) 私はゲームデザイナーになりたいです。

I ＿＿＿ ＿＿＿ ＿＿＿ a game designer.

□(3) 私は外国からの観光客の役に立ちたいです。

I want to help tourists ＿＿＿ ＿＿＿.

□(4) 私は毎日体を鍛えるつもりです。

I will ＿＿＿ ＿＿＿ every day.

□(5) いろいろな文化について学ぶことが大切です。

＿＿＿ ＿＿＿ ＿＿＿ ＿＿＿ learn about various cultures.

Navi
それぞれ次の表現に注意して文を作る

(1)「あなたは…を覚えていますか。」
→Do you remember the ＋名詞？

(2)「…になりたい」
→want to be a [an]＋職業名

(3)「外国に[へ，で]」
→abroad

(4)「…するつもりだ」
→will＋動詞の原形

(5)「大切な」
→important

2 10年後の自分へのメッセージを書くために，日本語でメモを作り，それをもとに英語でメッセージを書きなさい。

【メモ】

□(1) なりたい職業

＿＿＿＿＿＿＿＿＿＿＿＿＿＿＿＿＿＿＿＿

□(2) 今後したいこと

＿＿＿＿＿＿＿＿＿＿＿＿＿＿＿＿＿＿＿＿

□(3) その職業につくために大切なこと

＿＿＿＿＿＿＿＿＿＿＿＿＿＿＿＿＿＿＿＿

□

Do you remember ＿＿＿＿＿＿＿＿＿＿＿＿＿＿＿＿＿＿＿＿?
I want to be ＿＿＿＿＿＿＿＿＿＿＿＿.
So, I will ＿＿＿＿＿＿＿＿＿＿＿＿.
It is important to ＿＿＿＿＿＿＿＿＿＿＿＿＿＿＿＿＿＿＿＿.

Point

・「あなたは（自分が）…したことを覚えていますか。」
→Do you remember (that)＋you＋動詞の過去形？

解答 p.11

Let's Read 1

教科書 52 ▸ 53

History of Clocks

① 重要文

接続詞

接続詞のwhen，because，ifを使った文(復習)

When we need to see the time, we look at clocks or watches.
（私たちは時間を知る必要があるとき，置き時計や腕時計を見ます。）

接続詞のwhen，because，ifは文と文をつなぐ働きをする。
「…(の)ときに」と言うときは，接続詞の**when**を使って，**when＋主語＋動詞 ...**の形で表す。

When we need to see the time, we look at clocks or watches.
主語＋動詞 ...　└コンマ　主語＋動詞 ...

「(なぜなら)…だから」と理由を言うときは，接続詞の**because**を使って，**because＋主語＋動詞 ...**の形で表す。

I do not play *shogi* because it is difficult for me.
結果を表す文　理由を表す文
（将棋《しょうぎ》は私には難しいので，それをしません。）

「もし…であれば」と条件を言うときは，接続詞の**if**を使って，**if＋主語＋動詞 ...**の形で表す。

If you are free, let's play this video game.
条件を表す文　└コンマ
（もしあなたがひまであれば，このテレビゲームをしましょう。）

Check!

あなたが助けを必要なとき，私たちに電話をかけてください。
(　When　) you need help, please call us.

New Words

① 太陽	(sun)	② 地面	(ground)
③ 火	(fire)	④ 穴	(hole)
⑤ しかしながら	(however)	⑥ …を始める	(start)

1 日本語に合う英語になるように，______に正しい語を入れなさい。

□(1) 私がその腕時計を買ったとき，私は14歳でした。
I was 14 ______ I bought the watch.

□(2) 時間の計測はずっと前には簡単ではありませんでした。
Time keeping was not easy ______ ______.

□(3) 世界で最初の時計のうちいくつかがありました。
There were ______ ______ the first clocks in the world.

□(4) 例えば，彼らはろうそくを燃やしました。
They burned candles, ______ ______.

Navi

それぞれ次の表現に注意して文を作る

(1)「…ときに」
→when
(2)「(今から)…前に」
→... ago
(3)「いくらか，少し」
→some
(4)「例，実例」
→example

2 文章を読んで，あとの問いに答えなさい。

> At night, people could not use the sun. About 3,500 years ago, Egyptians started to measure time without it. They put water in pots. The pots had tiny holes in them. The water decreased little by little. The lines in the pots told them the time.

□(1) エジプトの人々は水を使ってどのように時間をはかりましたか。それを説明した日本語を完成しなさい。
(   )つぼに水を入れると，少しずつ水が減るので，(   )で時刻を知ることができる。

□(2) 本文の内容について，質問に英語で答えなさい。
Why did Egyptians stop using the sun to measure time?

____

Point

(1) 本文3～5行めに着目。
(2) 本文1～2行めに着目。

教科書内容の確認

教科書52～53ページの本文の内容について，質問に英語や数字で答えなさい。

□(1) What did ancient people use to read the time?
—— They used ______ like the sun, water and fire.

□(2) When did some people start to use fire to read the time?
—— About ______ ______ ______.

解答 p.11

Let's Read 1 History of Clocks

② 重要文　不定詞の３つの用法

不定詞（to＋動詞の原形）を使った文（復習）

People started **to make** mechanical clocks.
（人々は機械の時計を作り始めました。）

They used weights **to power** these clocks.
（彼らはこれらの時計に動力を供給するためにおもりを使いました。）

不定詞（to＋動詞の原形）には名詞的用法，副詞的用法，形容詞的用法の３つの働きがある。

不定詞の名詞的用法は，「…すること」という意味を表す。

People started to make mechanical clocks.
動詞の目的語

不定詞の副詞的用法は，「…するために」，「…して」という意味を表す。

They used weights to power these clocks.
動作の目的を表す

不定詞の形容詞的用法は，「…するための」，「…すべき」という意味を表す。

I have something to tell you.（私はあなたに話すべきことがあります。）
直前の代名詞に情報を加える

Check! 彼らはこのケーキを作るためにいくつかの果物を買いました。
They bought some fruit (to) (make) this cake.

New Words

① 重い	(heavy)	② 軽い	(light)
③ 努力	(effort)	④ 結果	(result)
⑤ …を動かす	(move)	⑥ …を(持ち)運ぶ	(carry)

❶ 日本語に合う英語になるように，＿＿＿に正しい語を入れなさい。

Navi
それぞれ次の表現に注意する

(1)「さて，ところで，さあ」→now
(2)「…すべき時である」
→It is time to＋動詞の原形

□(1) さあ，こちらの機械の時計を見てください。

＿＿＿＿＿ look at this mechanical clock.

□(2) それらの古代の人々の知恵を認識すべき時です。

＿＿＿＿＿ ＿＿＿＿＿ ＿＿＿＿＿ ＿＿＿＿＿

recognize the wisdom of those ancient people.

❷ 文章を読んで，あとの問いに答えなさい。

> About 700 years ago, people started to make mechanical clocks. At first, they used weights to power these clocks. The clocks told the hour with bells. However, the weights were big and heavy, so these clocks were difficult to move.
>
> About 500 years ago, people improved their clocks. They used springs to power the clocks. The springs were small and light. So people could move the clocks easily. Eventually, people began to carry watches.

Point

(1) 本文4～5行めに着目。
(2) 本文7～8行めに着目。

□(1) 700年前の機械の時計の欠点とその理由は何ですか。それぞれ日本語で書きなさい。

欠点（　　　　　　　　　　　　　　　　　　　　　　　　）

理由（　　　　　　　　　　　　　　　　　　　　　　　　）

□(2) 本文の内容について，質問に英語で答えなさい。

What did people use to improve their clocks?

＿＿＿＿＿＿＿＿＿＿＿＿＿＿＿＿＿＿＿＿＿＿＿＿＿＿＿＿

教科書内容の確認

教科書54～55ページの本文の内容について，質問に英語で答えなさい。

□(1) How did the mechanical clocks tell the hour?

―― ＿＿＿＿＿ ＿＿＿＿＿.

□(2) Do people still try to improve clocks and watches now?

―― ＿＿＿＿＿, they ＿＿＿＿＿.

解答 p.12

Let's Listen ③ 教科書 56

天気予報

天気予報を聞き，必要な情報を聞き取る

天気予報を聞くときには，天気のほかに，気温を表す数字を正しく聞き取ろう。

練習 1 ロサンゼルスの天気予報を聞いて，表内に天気マークと気温を書きなさい。

曜日	Weather	Temperature　気温	
		the high 最高気温	the low 最低気温
例 Friday	 → 	22℃	15℃
Saturday	□① (　　　　)	□②	□③
Sunday	□④ (　　　　)	□⑤	□⑥

練習 2 ロサンゼルスの天気予報を聞いて，_____ に当てはまる数字や語句（1～3語）を書きなさい。

□ Good evening, everyone. This is the Friday Night Weather Forecast. Here's the weather for this weekend. The weather in Los Angeles on Saturday will be ____________. The high will be ________ degrees Celsius, and the low will be ________ degrees Celsius. And it will be ________ on Sunday. The high will be ________ degrees Celsius, and the low will be ________ degrees Celsius. In Los Angeles, we are going to have some big baseball games this weekend. If you are going to watch these exciting games, the weather will be great for it.

1 シドニーの天気予報を聞いて，次の質問に答えなさい。

(1) 表内に天気マークと気温を書きなさい。

曜日	Weather	Temperature 気温	
		the high 最高気温	the low 最低気温
例 Thursday		22℃	15℃
Friday	□① ( )	□②	□③
Saturday	□④ ( )	□⑤	□⑥

(2) 土曜日におすすめされている場所を選び，記号で答えなさい。

ア シドニー水族館

イ ワイルドライフ・シドニー動物園

ウ オペラハウス

□ ( )

2 ロンドンの天気予報を聞いて，正しいものを選び，記号で答えなさい。

(1) 表内に天気マークと気温を書きなさい。

曜日	Weather	Temperature 気温	
		the high 最高気温	the low 最低気温
例 Sunday	 → 	17℃	10℃
Monday	□① ( )	□②	□③
Tuesday	□④ ( )	□⑤	□⑥

(2) 今週，おすすめされている場所を選び，記号で答えなさい。

ア ロンドン塔

イ ウエストミンスター寺院

ウ 大英博物館

□ ( )

解答 p.12

Unit 4 Homestay in the United States

Scene ①

Key Sentence 13　have to＋動詞の原形

「…しなければならない」「…しなくてもよい」という言い方

You **have to** speak English.
（あなたは英語を話さなければなりません。）

You **do not have to** speak perfect English.
（あなたは完ぺきな英語を話さなくてもよいです。）

「…しなければなりません」と，必要性や義務を表すときは，**have [has] to＋動詞の原形**を使う。

「…しなければならない」　You have to speak English.
have to＋動詞の原形

※主語がheやsheなどの三人称《さんにんしょう》単数のときは，**has to＋動詞の原形**にする。

否定文の，**do not [don't] have to＋動詞の原形**は，「…しなくてもよい」という意味になる。

「…しなくてもよい」　You do not have to speak perfect English.
do not have to＋動詞の原形

※主語が三人称《さんにんしょう》単数のときは，**does not [doesn't] have to＋動詞の原形**にする。

過去の文ではhad to＋動詞の原形，didn't have to＋動詞の原形だよ。

Check!
あなたたちは静かにしなければなりません。
You (have) (to) be quiet.

New Words
① 一員，メンバー (member)　② 規則，ルール (rule)
③ 完全な，完ぺきな (perfect)　④ …に従う，…を守る(follow)

1 絵を見て，「…しなければなりません」という文を作りなさい。

例 I have to make dinner today.

(1)

(2)

(3)

□(1) The students ________ ________ study hard.

□(2) Saki ________ to ________ to school.

□(3) Riku ________ ________ get up early.

Navi
それぞれ次の意味の文を作る
(1) 生徒たちは熱心に勉強しなければなりません。
(2) サキは歩いて学校に行かなければなりません。
(3) リクは早起きしなければなりません。

2 日本語に合う英語になるように，____に正しい語を入れなさい。

□(1) 私は辞書を使う必要はありません。

I ________ ________ ________ use my dictionary.

□(2) トムは昨日宿題をしなければなりませんでした。

Tom ________ ________ do his homework yesterday.

□(3) ここでの滞在を楽しんでください。

Please enjoy your ________ here.

Point
・「…する必要はありません」は「…しなくてよい」と考える。
・「…しなければなりませんでした」
→had to＋動詞の原形
・stayには動詞と名詞がある。

3 日本語に合う英語になるように，語句を正しく並べかえなさい。

□(1) リサは伊藤先生を手伝わなければなりません。

to / Ms. Ito / Lisa / help / has / .

____

□(2) 私たちはその規則を守らなければなりませんか。

have / the rule / follow / we / to / do / ?

____

Point
・「…しなければなりませんか」
→Do[Does]＋主語＋have to＋動詞の原形 ...?

教科書内容の確認

次の英文が教科書59ページの本文の内容と合うものには○を，合わないものには×をつけなさい。

□(1) Kaito doesn't have to follow the house rules because he is a guest.　(　　)

□(2) Kaito should try to speak English to communicate with his host family.　(　　)

解答 p.13

Unit 4 Homestay in the United States

Scene ②

Key Sentence 14 助動詞 must

「…しなければならない」「…してはいけない」という言い方

You **must** come home early.
（あなたは早く帰って来なければなりません。）

You **must not** go out alone.
（あなたはひとりで外に出てはいけません。）

「…しなければなりません」と，義務や命令を表すときは，助動詞のmustを使って，**must＋動詞の原形**で表す。

「…しなければならない」　You must come home early.
　　　　　　　　　　　　must＋動詞の原形

※主語が何であっても，**must＋動詞の原形**で表す。

否定文の，**must not [mustn't]＋動詞の原形**は，「…してはいけない」という禁止の意味を表す。

「…してはいけない」　You must not go out alone.
　　　　　　　　　　must not＋動詞の原形

You must not＋動詞の原形 .... は，Don't＋動詞の原形 .... とほぼ同じ意味。

You must not go out alone. ＝ Don't go out alone.

Check!
私たちは今日，家にいなければなりません。
We (　must　) stay home today.

New Words
① 若い，幼い (　young　)　② ひとりで，ただ…だけ (　alone　)
③ [結婚している女性をさして]…さん，先生 (　Mrs.　)

1 絵を見て，(1)(2)は「あなた(たち)は…しなければなりません」，(3)は「あなたは…してはいけません」という文を作りなさい。

例 You must (not) use this pen.

(1)

(2)

(3)

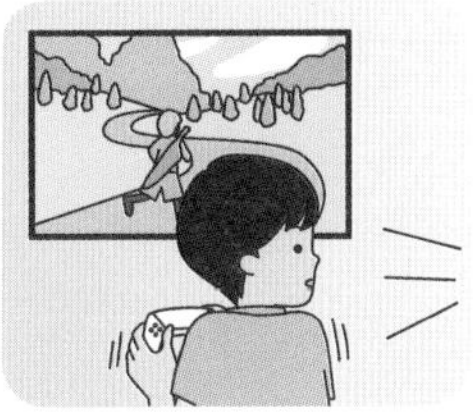

□(1) You ＿＿＿＿ ＿＿＿＿ hard.

□(2) You ＿＿＿＿ ＿＿＿＿ careful.

□(3) You ＿＿＿＿ ＿＿＿＿ play video games now.

Navi
それぞれ次の意味の文を作る

(1) あなたたちは熱心に練習しなければなりません。
(2) あなたは気をつけなければなりません。
(3) あなたは今，テレビゲームをしてはいけません。

2 日本語に合う英語になるように，＿＿＿に正しい語を入れなさい。

□(1) それは少し早くはないですか。

＿＿＿＿ that a little early?

□(2) あなたはひとりで外に出てはいけません。

You ＿＿＿＿ ＿＿＿＿ go out alone.

□(3) 私は8時にあなたを車で迎えに行きます。

I'll ＿＿＿＿ you ＿＿＿＿ at 8.

Point
・「それは…ではないですか」
→Isn't it [that] ...?
・「…を車で迎えに行く」
→pick ... up

3 日本語に合う英語になるように，語句を正しく並べかえなさい。

□ あなたたちは彼に何も助言をしてはいけません。

mustn't / any advice / him / you / give / .

＿＿＿＿＿＿＿＿＿＿＿＿＿＿＿＿＿＿＿＿

Point
・must not
＝mustn't

教 科書内容の確認

教科書60ページの本文の内容について，質問に英語で答えなさい。

□(1) Why must Kaito come home by six?

— Because the members of his host family ＿＿＿＿ ＿＿＿＿ at six.

□(2) Can Kaito go out alone in the evening?

— ＿＿＿＿, he ＿＿＿＿.

解答 p.13

Unit 4

Homestay in the United States

Read and Think ①

Key Sentence 15　動名詞

「…すること」という言い方

I finished **using** the bathroom.
（私は浴室を使い終わりました。）

動詞のing形は，「…しているところだ」という意味を表す進行形のほかに，「…すること」という意味を表して，名詞の働きをする**動名詞**がある。

「…すること」　I finished using the bathroom.
using the bathroomが動詞finishの目的語

動名詞と同じような働きをするものに不定詞(to＋動詞の原形)がある。
目的語に動名詞と不定詞のどちらを取るかは，動詞による。

動名詞と不定詞の両方を目的語にする動詞　like，startなど

I like playing [to play] tennis.（私はテニスをするのが好きです。）

不定詞だけを目的語にする動詞　want，hope，decideなど

I want to play tennis.（私はテニスがしたいです。）

動名詞だけを目的語にする動詞　enjoy，finishなど

I often enjoy playing tennis.（私はよくテニスをすることを楽しみます。）

Check!
私は宿題をし終わりました。
I (finished) (doing) my homework.

New Words

① …を終える	(finish)	② …を節約する	(save)
③ …を傷つける	(hurt)	④ そんなに…な	(such)

1 絵を見て，「…することを[…して]～」という文を作りなさい。

例 I love playing the piano.

(1)

like / play

(2)

enjoy / listen

(3)

finish / do

□(1) The boys ______ ______ soccer.

□(2) Emily often ______ ______ to music.

□(3) John ______ ______ his homework.

Navi
それぞれ次の意味の文を作る

(1) その男の子たちはサッカーをするのが好きです。
(2) エミリーはよく音楽を聞いて楽しみます。
(3) ジョンは自分の宿題をし終わりました。

2 日本語に合う英語になるように，______に正しい語を入れなさい。

□(1) あなたのシャワーは長すぎます。

Your shower is ______ ______.

□(2) そんなに短い時間で昼食を終わらせることができますか。

Can you finish lunch in ______ ______ short time?

□(3) 彼は料理が得意です。

He is good ______ ______.

Point

- 「…すぎる」
  →too ...
- 「そんなに…な～」
  →such (a)＋形容詞＋名詞
- atやinのような前置詞のあとに動名詞を置くことができる。

3 日本語に合う英語になるように，語句を正しく並べかえなさい。

□(1) 全員が彼の作った夕食を食べるのを楽しみます。

enjoys / his / eating / dinner / everyone / .

____

□(2) サリーはその本を読んでみました。

the book / reading / Sally / tried / .

____

Point

- 「…してみる」
  →try ...ing

教科書内容の確認

次の英文が教科書62ページの本文の内容と合うものには○を，合わないものには×をつけなさい。

□(1) Shin must finish taking a shower in ten minutes to save water. (　　)

□(2) Nami's host father gives her too much food for her. (　　)

解答 p.14

Unit 4 Homestay in the United States

Read and Think ②

Key Sentence 16 動名詞(主語)

「…すること」を主語として使う言い方

Playing games was fun.
(ゲームをするのは楽しかったです。)

動詞のing形は,「…すること」という意味で名詞の働きをするので,**文の主語**にもなる。

「…することは～」　**Playing** games was fun.
└playing gamesが主語

動名詞は三人称《さんにんしょう》単数のあつかいなので，be動詞はisまたはwasを使い，一般動詞を使った現在の文のときは-(e)sをつける。

Visiting the museum sounds interesting.
三人称単数
(その博物館を訪ねるのはおもしろそうですね。)

動名詞は名詞の働きをするので，afterやbefore，at，in，byなどの前置詞のあとに使うこともできる。

I'm interested in **taking** pictures.
(私は写真を撮ることに興味があります。)

You can go out after **finishing** your homework.
(あなたは宿題を終えたあとに外出できます。)

Check! コンピュータを使うことはおもしろいです。
(　Using　) a computer is interesting.

New Words

① 趣味　(hobby)
② 退屈した　(bored)
③ 注意深く　(carefully)
④ …し続ける　(keep ...ing)

1 絵を見て，「…することは楽しい」という文を作りなさい。

例 Playing video games is fun.

(1) 

(2) 

(3) 

Navi
それぞれ次の意味の文を作る
(1) 写真を撮ることは楽しい。
(2) キャンプに行くことは楽しい。
(3) 泳ぐことは楽しい。

□(1) ______ ______ is fun.
□(2) ______ ______ is fun.
□(3) ______ ______ fun.

2 日本語に合う英語になるように，______に正しい語を入れなさい。

□(1) 単語ゲームは彼女の趣味の１つです。
A word game is ______ ______ her hobbies.
□(2) 結局，私たちは友達になりました。
______ ______, we became friends.
□(3) ウィルソン夫妻はどちらも親切でした。
______ Mr. ______ Mrs. Wilson were kind.

Point
・「…の１つ」
→one of＋名詞の複数形
・「…も～も両方」
→both ... and ～

3 日本語に合う英語になるように，語を正しく並べかえなさい。

□(1) 新しい言葉を学ぶことは楽しかったです。
fun / new / was / learning / words / .

____

□(2) 私は英語で話そうと努力し続けました。
in / kept / to / English / trying / I / speak / .

____

Point
・「…し続ける」
→keep ...ing
・「…しようと努力する」
→try to ...

教科書内容の確認

次の英文が教科書64ページの本文の内容と合うものには○を，合わないものには×をつけなさい。
□(1) Kaito enjoyed playing a card game with Mr. and Mrs. Wilson at night.
(　　)
□(2) Kaito could communicate with Mr. and Mrs. Wilson without any problems.
(　　)

解答 p.14

Unit 4 総合問題

教科書 59 ▸ 65

1 文法　(　　)内の語を正しい1語の形にかえて，_____に書きなさい。

□(1) My sister (have) to go to bed at 9.　_____

□(2) I finished (read) this book.　_____

□(3) (Speak) English is fun.　_____

□(4) Are you good at (play) baseball?　_____

2 語句・表現　日本語に合う英語になるように，_____に正しい語を入れなさい。

□(1) リサは昨晩，外出しました。

Lisa _____ _____ last evening.

□(2) そばは日本料理の１つです。

Soba is _____ _____ Japanese dishes.

□(3) 結局，私たちは試合に勝ちました。

_____ _____, we won the game.

□(4) 私は，野球もサッカーも両方好きです。

I like _____ baseball _____ soccer.

3 文法　ほぼ同じ意味の文になるように，_____に正しい語を入れなさい。

□(1) We have to follow the rules.

We _____ follow the rules.

□(2) Don't use this computer.

You _____ _____ use this computer.

□(3) It is important to listen to other people's idea.

_____ to other people's idea _____ important.

ヒント

1(4)　前置詞のあとにくる動詞はing形にする。　2(1)「外出する」＝go out

3(1)「…しなければならない」を１語で表す。　(2)　助動詞を使って禁止の意味を表す。

4 文法　日本語に合う英語になるように，語句を正しく並べかえなさい。

□(1)　あなたは私を車で迎えにくる必要はありません。

have / me / you / pick / to / up / don't / .

□(2)　私たちは食べる前に手を洗わなければなりません。

wash / eating / we / before / our hands / must / .

□(3)　あなたは山登りを楽しみましたか。

the mountain / enjoy / you / climbing / did / ?

5 読解　文章を読んで，あとの問いに答えなさい。

Shin's Case

Last night, when I finished using the bathroom, my host mother said, "Your shower was too long. You should finish it in ten minutes." I said to her, "Why do I have to do it so quickly? I can't finish washing in such a short time." She said, "Because we must save water. We need to take our showers quickly." What should I do?

Nami's Case

My host father is good at cooking. Everyone enjoys eating his dinners, but there's one problem. He puts too much food on my plate. I can't finish it all. I don't want to hurt his feelings. What can I say when he's giving me too much?

□(1)　下線部の意味を日本語で書きなさい。

(　　　　　　　　　　　　　　　　　　　　　　　　　　)

□(2)　本文の内容と合うものを１つ選び，記号で答えなさい。

ア　Shin's host mother says that we don't have to save water.

イ　Nami can't talk to her host father because she is too shy.

ウ　Nami wants to tell her feelings without hurting her host father's feelings.

(　　　)

ヒント

4(1)「…する必要はない」＝don't have to＋動詞の原形　(2)「…する前に」＝before ...ing

5(1) such＝「そのような」　(2) Nami's Caseの本文３～４行めの内容に着目する。

解答 p.14～15

Let's Write ②

教科書 67

ホームステイのお礼状 ―手紙―

お礼状の書き方

August 28, 2022

Dear Mr. and Mrs. Wilson,

How are you? I am back in Japan now.

Thank you for a wonderful homestay. …

I look forward to seeing you again someday.

Best wishes,

Kaito

2022年8月28日

ウィルソン夫妻様

お元気ですか。私は今，日本に戻っています。

すばらしいホームステイをありがとうございました。…

またいつかお会いできることを楽しみにしています。

それでは，

海斗

お礼状のような手紙の形式は，日付，はじめと終わりのあいさつ，署名がポイントになる。
まず，右上に日付を「月＋日，西暦」の順に書く。
次に，はじめのあいさつとして，相手の名前を「Dear＋名,」と書く。
導入に，相手の様子をたずねる文，現在の自分の状況などを書いてから，内容となる，感謝の言葉や思い出，今後のことなどを書く。

Thank you for a wonderful homestay.

（Thank you for のあとに）名詞または動名詞を置く

I especially enjoyed playing word games with you.

（私は特に，あなたたちと単語ゲームをしたことが楽しかったです。）

まとめの文のあとに，Best wishes,のような終わりのあいさつを書いて，最後に署名をする。

I look forward to seeing you again someday.

（I look forward to のあとに）動名詞または名詞を置く

Check!

Eメールをありがとうございました。

(Thank) (you) (for) your e-mail.

またお会いできることを楽しみにしています。

I look forward (to) (seeing) you again.

New Words

① 特に，とりわけ　(especially)

1 ユカがホームステイ先でお世話になったテイラーさんに書いたお礼状の，______に入る語を書きなさい。

July 11, 2023

□① __________ Mr. and Mrs. Taylor,

How are you? I am back in Japan now.

Thank you □② __________ an exciting homestay. It was a great experience to me.

I look forward □③ __________ seeing you again.

Best □④ __________,

Yuka

Navi

それぞれ次の意味の文を作る

① テイラー夫妻様
② わくわくするようなホームステイをありがとうございました。
③ またお会いできることを楽しみにしています。
④ それでは，

2 リクがホームステイ先でお世話になったキングさんに書いたお礼状の日本語に合うように，______に正しい語句（3～5語）を入れなさい。

すばらしいホームステイをありがとうございました。
私は特に，あなたたちとキャンプに行ったことが楽しかったです。
お世話になったことは忘れません。
お返事お待ちしています。

□① ____________________ a wonderful homestay. □② ____________________ with you. □③ ____________________ your hospitality.

I hope to □④ ____________________.

Point

- 「…をありがとうございました」
  →Thank you [Thanks] for ....
- 「…しないでしょう」
  →I will not [won't] ＋動詞の原形
- 「…から手紙[連絡]をもらう」
  →hear form ...

解答 p.15

助動詞 —— 動詞に意味をつけ加えよう

助動詞は後ろに続く動詞の原形を助ける言葉で，動詞に意味を加える役割をする。

いろいろな助動詞

助動詞	働き	意味	例
can	能力・可能	…することができる	She can run fast.
	許可	…してもよい	Can I use this computer?
will	意志・予測	…するつもりだ	He will visit Japan.
		…だろう	It will be rainy.
may	推量	…かもしれない	He may be late for school.
	許可	…してもよい	May I have some tea?
must	義務	…しなければならない	We must read this book.

形を覚えよう

否定文

She cannot [can't] run fast.
He will not [won't] visit Japan.
She may not go.
We must not [mustn't] eat here.
★否定文は助動詞のあとにnotを置く

must notは「…してはいけない」という禁止の意味になるよ。

疑問文

Can she run fast? —— Yes, she can. / No, she cannot.
Will he visit Japan? —— Yes, he will. / No, he will not.
May I come in? —— Yes, you may. / No, you may not.
Must I go home now? —— Yes, you must.
No, you don't have to.
What can I do for you? (私はあなたのために何をすることができますか。)

★疑問文は主語の前に助動詞を出し，答えの文も助動詞を使う
★mustの疑問文にnoで答えるときは，don't [doesn't] have toを使う
★whatやhowなどの疑問詞と助動詞を使った疑問文は，〈疑問詞(を含む語句)＋助動詞＋主語＋動詞の原形...?〉の語順になる

1 日本語に合う英語になるように，＿＿＿に正しい語を入れなさい。

□(1) 彼はその祭りには参加しないでしょう。

He ＿＿＿＿ ＿＿＿＿ join the festival.

□(2) あなたの傘を借りてもよいですか。

＿＿＿＿ ＿＿＿＿ borrow your umbrella?

□(3) リカは今日，図書館に行かなければならないのですか。

＿＿＿＿ Rika ＿＿＿＿ to the library today?

□(4) ((3)に答えて)いいえ，その必要はありません。

No, she ＿＿＿＿ ＿＿＿＿ ＿＿＿＿.

2 次の文を日本語にしなさい。

□(1) Can I call you later?

(　　　　　　　　　　　　　　　　　　　　)

□(2) You must not play video games now.

(　　　　　　　　　　　　　　　　　　　　)

3 日本語に合う英語になるように，語句を正しく並べかえなさい。

□(1) 私は上手にピアノをひくことはできません。

cannot / well / play / I / the piano / .

＿＿＿＿＿＿＿＿＿＿＿＿＿＿＿＿＿＿＿＿＿＿＿＿

□(2) 明日の天気はどうでしょうか。

the weather / how / tomorrow / be / will / ?

＿＿＿＿＿＿＿＿＿＿＿＿＿＿＿＿＿＿＿＿＿＿＿＿

□(3) 彼女は日本の歴史に興味があるかもしれません。

be / Japanese history / interested / she / in / may / .

＿＿＿＿＿＿＿＿＿＿＿＿＿＿＿＿＿＿＿＿＿＿＿＿

解答 p.15

Let's Listen ④ 電車の運行情報

教科書 70

電車の運行情報を聞いて，必要な情報を聞き取る

駅では，それぞれの路線の運行状況がアナウンスされている。目的地に行くために利用する路線についての情報を聞き取る必要がある。

練習1 駅でアナウンスされる電車の運行情報を聞いて，正しいものを選び，記号で答えなさい。

① 千歳《ちとせ》線	ア　定刻通り運行	イ　一部運行中止	ウ　遅延《ちえん》(delay)
② 函館《はこだて》本線	ア　定刻通り運行	イ　一部運行中止	ウ　遅延
③ 学園都市《がくえんとし》線	ア　定刻通り運行	イ　一部運行中止	ウ　遅延

□①（　　）　□②（　　）　□③（　　）

練習2 駅でアナウンスされる電車の運行情報を聞いて，＿＿＿に当てはまる数字や語句（3語）を書きなさい。

□ May I have your attention please? Because of heavy snow, we have some changes to our train service. Some trains are late or not running now. Some Chitose Line trains are ________________. The Hakodate Line ________________ between Iwamizawa and Bibai. The Gakuen-Toshi Line is ________________. We apologize for the inconvenience. Thank you.

❶ 駅でアナウンスされる電車の運行情報を聞いて，正しいものを選び，記号で答えなさい。

① 鹿児島《かごしま》線	ア　定刻通り運行　　イ　一部運行中止　　ウ　遅延
② 福北《ふくほく》ゆたか線	ア　定刻通り運行　　イ　一部運行中止　　ウ　遅延
③ 香椎《かしい》線	ア　定刻通り運行　　イ　一部運行中止　　ウ　遅延
④ 筑肥《ちくひ》線	ア　定刻通り運行　　イ　一部運行中止　　ウ　遅延

□①　(　　　　)

□②　(　　　　)

□③　(　　　　)

□④　(　　　　)

❷ 駅でアナウンスされる電車の運行情報を聞いて，正しいものを選び，記号で答えなさい。

① 仙石《せんせき》線	ア　定刻通り運行　　イ　一部運行中止　　ウ　遅延
② 仙石東北《せんせきとうほく》ライン	ア　定刻通り運行　　イ　一部運行中止　　ウ　遅延
③ 仙山《せんざん》線	ア　定刻通り運行　　イ　一部運行中止　　ウ　遅延
④ 常磐《じょうばん》線	ア　定刻通り運行　　イ　一部運行中止　　ウ　遅延

□①　(　　　　)

□②　(　　　　)

□③　(　　　　)

□④　(　　　　)

解答 p.16

Unit 5 Universal Design

Scene ①

Key Sentence 17 疑問詞＋to＋動詞の原形

「どのように…するか」「何を…すべきか」のような言い方

I know **how to use** these products.
（私はこれらの製品の使い方を知っています。）

「どのように…するか」や「何を…すべきか」のように言うときは，**疑問詞＋to＋動詞の原形**の形を使い，動詞の目的語になる。
疑問詞＋to＋動詞の原形を目的語にとる動詞には，know，ask，show，learn，tell，understandなどがある。

「どのように…するか」 I know how to use these products.
knowの目的語

「何を…すべきか」 I asked what to do.（私は何をすべきかたずねました。）
askの目的語

「どこへ…すべきか」 I showed where to go.
showの目的語
（私はどこへ行くべきか示しました。）

「いつ…すべきか」 I learned when to start.
learnの目的語
（私はいつ始めるべきか学びました。）

「どちら(の～)を…すべきか」 I asked which to choose.
askの目的語
（私はどちらを選ぶべきかたずねました。）

Check!
彼はギターのひき方を知っています。
He knows (how) (to) (play) the guitar.

New Words
① 製品 (product) ② 施設，設備 (facility)

1 絵の人物になったつもりで，「私は…する方法を知っています」という文を作りなさい。

例 I know how to use a computer.

(1)

(2)

(3)

Navi
それぞれ次の意味の文を作る
(1) 私は泳ぎ方を知っています。
(2) 私はカレーライスの作り方を知っています。
(3) 私はその箱の開け方を知っています。

□(1) I know ______ ______ swim.

□(2) I know ______ to ______ curry and rice.

□(3) I know ______ ______ ______ the box.

2 日本語に合う英語になるように，______に正しい語を入れなさい。

□(1) あなたはどこでその施設を見つけるべきか学ぶでしょう。
You will learn ______ ______ find the facility.

□(2) トムはいつ伊藤先生に会うべきかたずねました。
Tom asked ______ ______ see Mr. Ito.

□(3) 私はどちらの本を買うべきか知っていました。
I knew ______ ______ ______ buy.

Point
・「どんな[どちらの]～を…すべきか」
→[what] which＋名詞＋to＋動詞の原形

3 日本語に合う英語になるように，語を正しく並べかえなさい。

□ あなたは何をするべきか知っていますか。
you / do / what / do / to / know / ?

____

Point
・「あなたは知っていますか」の部分のあとに疑問詞＋to＋動詞の原形を続ける。

教科書内容の確認

次の英文が教科書73ページの本文の内容と合うものには○を，合わないものには×をつけなさい。

□(1) Meg can learn the way to use universal design products at the exhibition. (　　)

□(2) It is difficult to learn how to use universal design products. (　　)

解答 p.17

Unit 5 Universal Design

Scene ②

Key Sentence 18　主語＋動詞＋(人)＋疑問詞＋to＋動詞の原形

「(人)にどのように…するかを～する」のような言い方

I can **show** you **how to use** these products.
(私はこれらの製品の使い方をあなたに見せることができます。)

動詞のask(…をたずねる)やshow(…を見せる)，tell(…を教える)は，**主語＋動詞＋(人)＋疑問詞＋to＋動詞の原形**の形にすることができる。
このとき，(人)と**疑問詞＋to＋動詞の原形**は目的語(…に，…を)になる。

「～にどのように…するかを見せる」　I can **show** you **how to use** these products.
　you：「～に」　how to use：「どのように…するかを」

「～にどこに[で]…すべきかを教える」　Please **tell** me **where to sit**.
　me：「～に」　where to sit：「どこに…すべきかを」
(どこに座るべきかを私に教えてください。)

「～にどちらの―を…すべきかをたずねる」　I **asked** my mother **which bag to buy**.
　my mother：「～に」　which bag to buy：「どちらの―を…すべきかを」
(私は母にどちらのかばんを買うべきかをたずねました。)

「…すべきか」は,「…したらよいか」と言うこともできるよ。

Check!　私はこの市でどこを訪ねるべきかをあなたに教えることができます。
I can tell you (where) (to) (visit) in this city.

New Words
① 職員，従業員 (staff)　② 特色，特徴 (feature)
③ 助けになる，役立つ (helpful)　④ 点字 (braille)

1 日本語に合う英語になるように，______に正しい語を入れなさい。

□(1) こちらを見てください。
Look ______ ______.

□(2) でこぼこのおかげで，私はそのびんを開けることができます。
______ ______ the bumps, I can open the jar.

□(3) 私はケンにどこで果物を買ったらよいかを教えました。
I ______ Ken ______ ______ buy some fruit.

Navi
それぞれ次の表現に着目して文を作る
(1)「こちらに，こちらでは」
→over here
(2)「…のおかげで」
→thanks to
(3)「～にどこで…したらよいかを教える」
→tell ～ where to＋動詞の原形

2 次の英語を日本語にしなさい。

□(1) I asked Meg what to do next.
( )

□(2) Could you tell me when to go there?
( )

□(3) She didn't tell me what color to choose.
( )

Point
・ask
→「たずねる」
・Could you ...?
→「…してくださいませんか」
・what＋名詞＋to＋動詞の原形
→「何の一を…するべきかを」

3 日本語に合う英語になるように，語句を正しく並べかえなさい。

□(1) 彼は私たちに写真の撮り方を見せてくれました。
take pictures / us / to / he / how / showed / .

______

□(2) あなたは彼女にどちらの机を使うべきかをたずねましたか。
ask / desk / did / use / to / which / you / her / ?

______

Point
・「～にどう…したらよいかを見せる」
→show ～ how to＋動詞の原形
・「～にどちらの一を…するべきかをたずねる」
→ask ～ which＋名詞＋to＋動詞の原形

教科書内容の確認

次の英文が教科書74ページの本文の内容と合うものには○を，合わないものには×をつけなさい。

□(1) We can open the jar easily because it has braille. ( )
□(2) The jar has some very helpful features. ( )

Unit 5

解答 p.17

Unit 5 Universal Design

Read and Think ①

Key Sentence 19　主語＋be動詞＋形容詞＋that

「きっと…だ」「…してうれしい」のような言い方

I am sure that these ideas help many people.
（私はこれらの考えが，多くの人々を助けると確信しています。）

「きっと…だ」や「…してうれしい」のように言うときは，**主語＋be動詞＋形容詞＋that**の形を使う。
また，このthatは接続詞なので，後ろには主語＋動詞 **…**が続く。

「…と確信している」「きっと…だ」　I am sure that these ideas help many people.
（be動詞は文の主語に合わせる／sure：形容詞／these ideas help many people：主語＋動詞 ...）

「…してうれしい」　I am glad that I could find the example in our city.
（glad：形容詞／I could find the example in our city：主語＋助動詞＋動詞 ...）
（私は私たちの市に例を見つけることができてうれしい。）

〈主語＋be動詞＋形容詞＋that ～〉の文によく使う〈be動詞＋形容詞〉

be afraid　（こわがる）
be happy　（うれしく思う）
be sorry　（残念に[気の毒だと，すまないと]思う）
be surprised　（驚く）

Check!
私はメグがその計画を気に入ると確信しています。
I (am) (sure) (that) Meg will like the plan.

New Words

① ふつうの，よくある，共通の (common)
② 赤ん坊 (baby)
③ …をひく，ひっぱる (pull)
④ (手の)指 (finger)
⑤ …を持つ，つかむ，抱く (hold)
⑥ うれしい (glad)
⑦ ペットボトル (plastic) (bottle)

1 絵の人物になったつもりで，「きっと…だ[…と確信している]」という文を作りなさい。

例 I am sure that he is a teacher.

(1)

(2)

(3)

□(1) I ________ ________ that Riku is in the library.

□(2) ________ sure ________ Saki can play the piano.

□(3) ________ ________ ________ my mother will make a cake for me.

Navi
それぞれ次の意味の文を作る
(1) リクはきっと図書館にいます。
(2) サキはきっとピアノをひくことができます。
(3) お母さんはきっと私にケーキを作ってくれます。

2 日本語に合う英語になるように，______に正しい語を入れなさい。

□(1) このペットボトルを見てください。
Look at this ________ ________.

□(2) 階段のそばのスロープが見えますか。
Do you see the ramp by the ________?

□(3) スロープはお年寄りを助けます。
The ramp helps ________ elderly.

Point
・「プラスチックの」
→plastic
・「階段」は複数形で表す。
・「…な[の]人々」
→the＋形容詞

3 日本語に合う英語になるように，語句を正しく並べかえなさい。

□(1) 彼女はきっとすぐに戻ってきます。
sure / soon / she'll / come back / that / I'm / .

____

□(2) 私たちはそのチームが試合に勝ってうれしいです。
the team / the game / glad / won / that / we're / .

____

Point
・「…してうれしい」
→be glad that＋主語＋動詞 ....

教科書内容の確認

次の英文が教科書76ページの本文の内容と合うものには○を，合わないものには×をつけなさい。

□(1) Universal design products are helpful for everyone. (　　)

□(2) The braille on the handrail tells blind people which way to go. (　　)

解答 p.17

Unit 5 Universal Design
Read and Think ②

重要文　接続詞that

「…ということ」の言い方　(復習)

Many people think that it is a great idea.
(多くの人々がそれはすばらしいアイディアだと思っています。)

接続詞のthatは，**that＋主語＋動詞**の形で，「…ということ」という意味を表し，その文の目的語になる場合がある。

Many people think **that** it is a great idea.
（動詞thinkの目的語：that＋主語＋動詞）

※接続詞の**that**は省略することができる。

It is＋形容詞＋to＋動詞の原形のあとに，**that＋主語＋動詞**の形が続くと，「…ということを～するのは，―だ」という意味を表す。

It is important to know **that** there are different people in our society.
（to know：「知るのは」／that there are different people in our society：「私たちの社会に異なる人々がいるということを」）
(私たちの社会に異なる人々がいるということを知るのは大切です。)

Check!
何人かの生徒が数学は簡単だと思っています。
Some students (think) (that) math is easy.

New Words
① 教授 (professor)　② 社会 (society)
③ …を取り除く (remove)　④ …を創立する (found)
⑤ 体の不自由な (disabled)　⑥ 子供のころ (childhood)
⑦ [good, wellの比較級] もっとよい，よくなって (better)
⑧ アメリカの，アメリカ人の (American)

1 日本語に合う英語になるように，_____に正しい語を入れなさい。

□(1) ロナルドはユニバーサルデザインの創始者です。

Ronald is _____ _____ _____ universal design.

□(2) 彼はよりよい社会を作るいくつかの方法を探しました。

He looked for some _____ _____ make a better society.

□(3) 私たちは年をとるにつれて，体が不自由になることがよくあります。

We often become disabled _____ we get old.

Navi

それぞれ次の表現に着目して文を作る

(1)「…の創始者[生みの親]」
→the father of
(2)「…する方法」
→way to＋動詞の原形
(3)「…のとき，…するにつれて」
→as＋主語＋動詞 ...

2 下線部の英語を日本語にしなさい。

□(1) It is important to know that many people help us.

(　　　　　　　　　　　　　　　　　　　　)

□(2) Many people think that it is a great idea.

(　　　　　　　　　　　　　　　　　　　　)

Point

・to know that ...
→「…ということを知るのは」

3 日本語に合う英語になるように，語を正しく並べかえなさい。

□(1) 彼はよく時間は大切だと言います。

that / time / he / important / says / is / often / .

____

□(2) トムは私がここにいることを知っていますか。

I'm / Tom / here / know / does / ?

____

Point

・接続詞のthatは省略することができる。

教科書内容の確認

教科書78ページの本文の内容について，質問に英語で答えなさい。

□(1) Why did Ronald often have a difficult time?

── Because he was _____ a _____ from childhood.

□(2) What do many people think about Ronald's idea?

── They think that his idea is _____.

Unit 5 総合問題

教科書 73 ▸ 79

1 文法　(　　)に入る正しい語句を選んで書きなさい。

□(1) I know (how, where) to visit in Okinawa. ________

□(2) Tell me (what, when) to see Meg. ________

□(3) Do you know (which, how) book to read? ________

□(4) He asked me what (said, to say) to Yuka. ________

2 語句・表現　日本語に合う英語になるように，______に正しい語を入れなさい。

□(1) こちらに座ってください。

Please sit ______ ______ .

□(2) あなたの助言のおかげで，私たちは試合に勝ちました。

______ ______ your advice, we won the game.

□(3) ユニバーサルデザインの生みの親は誰ですか。

Who is ______ ______ ______ universal design?

□(4) 林先生は英語を勉強するいくつかのよい方法を知っています。

Mr. Hayashi knows some good ______ ______ learn English.

3 文法　各文を(　　)内の指示にしたがって書きかえなさい。

□(1) We can play the video game.　(ほぼ同じ意味の文に)

We know ______ ______ play the video game.

□(2) What should I do now?　Please tell me.　(２文を１文に)

Please ______ me ______ ______ do now.

□(3) I'm happy to see you here.　(ほぼ同じ意味の文に)

I'm ______ ______ ______ can see you here.

ヒント

1(3)　which＋名詞＋to＋動詞の原形＝「どちらの―を…するべきか」

2(4)　「方法」＝way

3(2)　should＝「…するべきである」

4 文法　日本語に合う英語になるように，語句を正しく並べかえなさい。

□(1)　あなたはどこでテニスを練習すればよいか知っていますか。

where / tennis / do / practice / know / to / you / ?

□(2)　いつ家を出るべきかリサにたずねましょう。

Lisa / to / let's / leave home / when / ask / .

□(3)　あなたが点字を読めることに私は驚いています。

you / surprised / read / that / can / the braille / I'm / .

5 読解　文章を読んで，あとの問いに答えなさい。

Do you know about universal design? "Universal" means "for all people." Look at this plastic bottle. We can hold it easily because it has a special shape. It's a common example of universal design.

I'm glad that I could find other examples in our city. Look at these pictures. Do you see the braille on the handrail? People can read it with their fingers. Do you see the ramp by the stairs? If you're in a wheelchair, or pulling heavy luggage, you can use the ramp. It also helps the elderly and people with babies and small children.

I think these ideas are wonderful. I'm sure that they help many people.

□(1)　ユニバーサルデザインとはどのようなものですか。それを説明した日本語を完成しなさい。

(　　　　　　　　　　　　　　　　)にとって役立つデザインのこと。

□(2)　本文中で紹介されているユニバーサルデザインの例を３つ，日本語で書きなさい。

①　(　　　　　　　　　　　　　　　　)のペットボトル。

②　手すりの(　　　　　　　　　　　　　　　　)。

③　階段の(　　　　　　　　　　　　　　　　)。

□(3)　下線部を日本語にしなさい。

(　　　　　　　　　　　　　　　　　　　　　　　　　　)

ヒント

4(2)「～にいつ…するべきかたずねる」＝ask ～ when to ...

(3)「…に驚く」＝be surprised that ...

5(1)　本文１行めの内容を参照。　(2)　本文２～３行め，５～７行めの内容を参照。

解答 p.18

Let's Talk ③ 教科書 81

電車の乗りかえ —道案内—

Today's Point 行き方をたずねたり，答えたりする文

Could you tell me how to get to Raffles Place Station**?**
（ラッフルズ・プレイス駅への行き方を教えてくださいませんか。）

— **Take** the East West Line.
（— 東西線に乗ってください。）

目的地への行き方は，**Could you tell me how to get to …?** とたずねる。

「…への行き方を教えてくださいませんか」　Could you tell me how to get to …?
（Could you = 丁寧な表現　me = 「私に」　how to get to = 「…への行き方を」）

駅でこのようにたずねられたら，どの路線の，どの電車に乗るかを教える。
路線を「利用する」や，乗り物などに「乗る」は動詞の take を使う。

「…に乗ってください」　Take the East West Line.
（the … Line = 「…線」）

乗りかえが必要なときは，次のように言う。

Take the Down Town Line to Bugis, and change trains there.
（to = 「…まで」　change trains = 「乗りかえる」　trains = 複数形）

（ダウンタウン線でブギスまで行って，そこで乗りかえてください。）

目的地の駅がいくつめかは，**… is＋数字＋stop(s) from ～.**（…は～から—駅めです）と言う。

Check!
梅田《うめだ》駅への行き方を教えてくださいませんか。
（ Could ） you tell me （ how ）（ to ） get to Umeda Station?

New Words
① 西，西部　（ west ）　② 東，東部　（ east ）

❶ 次の対話文が成り立つように，＿＿＿に正しい語句を入れなさい。

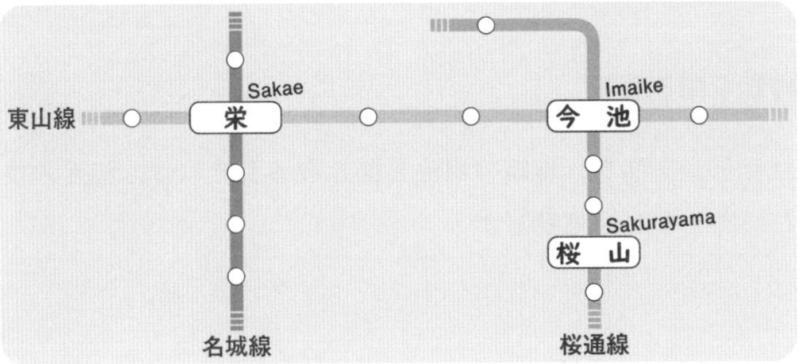

□*A :* Excuse me. Could you tell me

① ＿＿＿＿＿＿＿＿＿＿ get to Sakurayama?

□*B :* Sure. ② ＿＿＿＿＿＿＿＿＿＿ the Higashiyama Line to Imaike, and ③ ＿＿＿＿＿＿＿＿＿＿ there.

A : I see. Which line should I take from Imaike?

□*B :* Take the Sakura-dori Line. And Sakurayama is

④ ＿＿＿＿＿＿＿＿＿＿ from Imaike.

A : Thank you very much.

B : My pleasure.

Navi

それぞれ次の意味の会話になる

A：すみません。桜山への行き方を教えてくださいませんか。
B：もちろん。今池まで東山線で行って，そこで乗りかえてください。
A：わかりました。今池からはどの線に乗ればよいのですか。
B：桜通線に乗ってください。そして，桜山は今池から３つめの駅です。
A：どうもありがとうございました。
B：どういたしまして。

❷ 日本語に合う英語になるように，語句を正しく並べかえなさい。

□(1) 美園《みその》への行き方を教えてくださいませんか。

me / how to / you / Misono / could / get to / tell / ?

＿＿＿＿＿＿＿＿＿＿＿＿＿＿＿＿＿＿＿＿

□(2) 小野《おの》はここからいくつめの駅ですか。

many / here / how / Ono / stops / is / from / ?

＿＿＿＿＿＿＿＿＿＿＿＿＿＿＿＿＿＿＿＿

□(3) どのくらい時間がかかりますか。

does / long / take / how / it / ?

＿＿＿＿＿＿＿＿＿＿＿＿＿＿＿＿＿＿＿＿

Point

- 「…への行き方」
  →how to get to ...
- 「いくつの」
  →How many ...?
- 「…はどのくらいの長さですか」
  →How long ...?
- 時間についていう文の主語はitを使う。
- 「(時間が)かかる」
  →take

解答 p.18

Let's Listen ⑤

教科書 82

留守番電話

留守番電話を聞き，主な内容を聞き取る

留守番電話に残されたメッセージを聞き，電話の用件を聞き取るときには，相手の提案や，相手が自分にたずねたいことなどに注意しよう。

練習1 留守番電話のメッセージを聞いて，正しいものを選び，記号で答えなさい。

① 迎えに来てほしい時間	ア ４時　　イ ４時半　　ウ ５時
② トムがたずねていること （２つ選ぶ）	ア 友達のケンも家まで送ってもらえるのか。 イ どこで待っていればよいのか。 ウ お母さんのほしい本を見つけたら買うべきか。 エ 家に帰る前にいっしょに買い物をするのか。

□①（　　　）

□②（　　　）（　　　）

練習2 留守番電話のメッセージを聞いて，______に当てはまる数字や語句(１～３語)を書きなさい。

□ Hi, mom. This is Tom. I'm at Sakura Station with Ken now. I'm going to take the train soon, and will arrive at Yamato Station at about ______ o'clock. I need to buy a book at the bookstore near the station, so can you pick me up around ______? Well, ______ should I ______? Oh, you are looking for the popular book, *I Am a Dog*, right? If I find it at the bookstore, should I ______? Call me back later. Bye.

1 留守番電話のメッセージを聞いて，正しいものを選び，記号で答えなさい。

①　招待したい日	ア　明日 イ　土曜日 ウ　日曜日
②　サキがたずねていること （2つ選ぶ）	ア　サキの家がどこか知っているか。 イ　いっしょに料理をしたいか。 ウ　食べられないものがあるか。 エ　昼食後に何をするか。

□①　（　　　）

□②　（　　　）（　　　）

2 留守番電話のメッセージを聞いて，正しいものを選び，記号で答えなさい。

①　テニスをする日	ア　今日 イ　明日の午前中 ウ　明日の午後
②　マイクがたずねていること （2つ選ぶ）	ア　雨が降ったらどうするか。 イ　どこでテニスをするのがよいか。 ウ　誘いたい人がいるか。 エ　飲み物など持っていくべきか。

□①　（　　　）

□②　（　　　）（　　　）

解答 p.19

Unit 6 Research Your Topic

Scene ①

Key Sentence 20　比較級，最上級（...er ／ ...est）

「～よりも…」「いちばん…」という言い方

This movie is old**er than** that one.
（この映画はあの映画よりも古いです。）

This movie is **the** old**est** of the three.
（この映画は３本の中でいちばん古いです。）

２つのものや２人を比べて，「～よりも…」と言うときは，形容詞や副詞の比較級（...er）を使って，**比較級＋than ～**で表す。

「～よりも…」　This movie is older than that one.
（older：oldの比較級　than that one：「～よりも」）

３つや３人以上のものや人を比べて，「いちばん…」と言うときは，形容詞や副詞の最上級（...est）を使って，**the＋最上級**で表す。

「いちばん…」　This movie is the oldest of the three.
（oldest：oldの最上級　of the three：「…の中で」）

※「…の中で」＝of＋複数を表す語句（allやthe＋数字など）
　　　　　　　 in＋範囲や場所を表す語句（国名やmy classなど）

次の語の比較級や最上級に気をつけよう

最後の１字を重ねて-er，-estをつける	big → bigger → biggest	（ほかにhotなど）
-r，-stをつける	large → larger → largest	（ほかにlateなど）
yをiにかえて-er，-estをつける	easy → easier → easiest	（ほかにbusy，earlyなど）

Check!

この学校はあの学校よりも古いです。
This school is (　older　) (　than　) that one.

この学校は５校の中でいちばん古いです。
This school is (　the　) (　oldest　) (　of　) the five.

New Words

① …よりも　(　than　)　② 近所の人，隣人　(neighbor)

1 次の表は，男子徒競走の順位表です。これを見て，足の速さを比べた文を作りなさい。

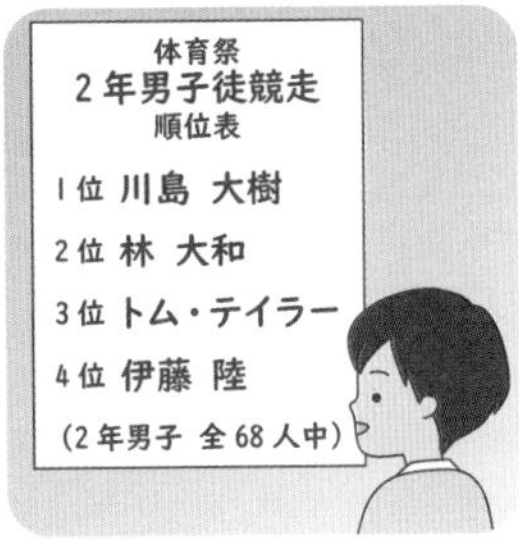

□(1) Tom runs ______ ______ Riku.

□(2) Yamato ______ ______ ______ Tom and Riku.

□(3) Daiki runs ______ ______ ______ all.

Navi

それぞれ次の意味の文を作る

(1) トムはリクよりも速く走ります。
(2) ヤマトはトムやリクよりも速く走ります。
(3) ダイキは全員の中でいちばん速く走ります。

2 日本語に合う英語になるように，______に正しい語を入れなさい。

□(1) ゴジラと自由の女神像では，どちらの方が背が高いですか。
Which is ______, Godzilla ______ the Statue of Liberty?

□(2) 「君の名は。」と「となりのトトロ」では，どちらの映画の方が古いですか。
Which ______ is ______, *Your Name* ______ *My Neighbor Totoro*?

Point

・「AとBでは，どちらの方が…ですか」
→Which is＋比較級, A or B?
・「AとBでは，どちらの～の方が…ですか」
→Which＋名詞＋is＋比較級, A or B?

3 日本語に合う英語になるように，語句を正しく並べかえなさい。

□(1) ゴジラは自由の女神像より背が高いです。
than / is / taller / Godzilla / the Statue of Liberty / .

____

□(2) 3本の中でどの映画がいちばん古いですか。
is / of / three / which movie / the oldest / the / ?

____

Point

・「…より背が高い」
→taller than ...
・「(数字)…の中で」
→of the＋数字

教 科書内容の確認

次の英文が教科書85ページの本文の内容と合うものには○を，合わないものには×をつけなさい。

□(1) The Statue of Liberty is smaller than Godzilla. (　　)

□(2) *My Neighbor Totoro* is newer than *Your Name*. (　　)

Unit 6

解答 p.20

Unit 6 Research Your Topic
Scene ②

Key Sentence 21　比較級(more ...)，最上級(most ...)

「～よりも…」「いちばん…」という言い方

This movie is **more** interesting **than** that one.
（この映画はあの映画よりもおもしろいです。）

This movie is **the most** interesting this year.
（この映画は今年いちばんおもしろいです。）

２つのものや２人を比べて，「～よりも…」と比較的つづりの長い形容詞や副詞を使って言うときは，**more**＋形容詞[副詞]＋**than** ～で表す。

「～よりも…」　This movie is more interesting than that one.
（more＋形容詞）（「～よりも」）

３つや３人以上のものや人を比べて，「いちばん…」と比較的つづりの長い形容詞や副詞を使って言うときは，**the**＋**most**＋形容詞[副詞]で表す。

「いちばん…」　This movie is the most interesting this year.
（the most＋形容詞）

moreやmostを使う形容詞と副詞

【形容詞】		【副詞】
beautiful（美しい）	famous（有名な）	quickly（速く）
difficult（難しい）	important（重要な）	slowly（ゆっくりと）
exciting（興奮させるような）	popular（人気のある）	

Check!

この花はあの花よりも美しいです。
This flower is (more) beautiful (than) that one.
この花はこの公園の中でいちばん美しいです。
This flower is (the) (most) beautiful in this park.

New Words

① アクション，行動 (action)　② …に答える (answer)

1 次の表は，ミサキがつけた順位表です。これを見て，ミサキになったつもりで，おもしろさを比べる文を作りなさい。

□(1) English is ______ ______ than math.

□(2) Japanese is ______ interesting ______ English and math.

□(3) History is ______ ______ ______ of all.

Navi それぞれ次の意味の文を作る

(1) 英語は数学よりおもしろいです。
(2) 国語は英語や数学よりおもしろいです。
(3) 歴史はすべての中でいちばんおもしろいです。

2 日本語に合う英語になるように，______に正しい語を入れなさい。

□(1) あなたはどんな種類の映画が好きですか。
______ ______ ______ movies do you like?

□(2) 私の質問に答えてくれてありがとう。
Thank you ______ ______ my questions.

Point
・「種類」
→kind
・「…してくれてありがとう」
→thank you for ...ing

3 日本語に合う英語になるように，語句を正しく並べかえなさい。

□(1) この本はほかのものよりも人気があります。
than / more / this book / popular / others / is / .

____

□(2) この映画はすべての中でいちばん有名です。
most / is / all / famous / the / this movie / of / .

____

Point
・「…より人気がある」
→be動詞＋more popular than ...
・「いちばん有名な」
→the most famous

教科書内容の確認

教科書86ページの本文の内容について，質問に英語で答えなさい。

□(1) Did Josh ask Asami which movie to watch?
── ______, he ______.

□(2) What are Asami's favorite movies?
── They are ______ ______ movies.

解答 p.20

Unit 6 Research Your Topic

Read and Think ①

Key Sentence 22　better と best

good や well，very much の比較級，最上級を使った言い方

I like animated movies **the best** of all.
（私は全ての中でアニメ映画がいちばん好きです。）

good（よい，じょうずな，元気な）の比較級は **better** で，最上級は **best**。

Your plan is better than mine.（あなたの計画は私のものよりよいです。）
good の比較級

Your plan is the best.（あなたの計画がいちばんよいです。）
good の最上級

well（じょうずに，うまく，よく）や very much（とても）も，比較級は **better** で，最上級は **best**。

You speak English better than me.
well の比較級
（あなたは私よりじょうずに英語を話します。）

You speak English the best in our class.
well の最上級
（あなたはクラスの中でいちばんうまく英語を話します。）

「A より B の方が好き」，「…がいちばん好き」と言うときは，**better**，**best** を使う。

I like action movies better than love stories.
（私は恋愛映画よりアクション映画が好きです。）

I like animated movies the best of all.

Check!
私は全ての動物の中でパンダがいちばん好きです。
I like pandas (the) (best) of all animals.

New Words

① 話，物語 (story)　② グラフ，図表 (graph)
③ パーセント (percent)　④ ホラー，恐怖 (horror)

1 次の図は，美術展覧会の入賞者を示したものです。これを見て，作品のよさを比べた文を作りなさい。

□(1) Yui's piece is ______ ______ Kenta's.

□(2) Kenta's piece is ______ ______ Meg's.

□(3) Yui's piece is ______ ______ of all.

Navi
それぞれ次の意味の文を作る

(1) ユイの作品はケンタのよりもすぐれています。
(2) ケンタの作品はメグのよりもすぐれています。
(3) ユイの作品は全ての中でいちばんすぐれています。

2 日本語に合う英語になるように，______に正しい語を入れなさい。

□(1) 映画の種類について言えば，アクションが人気があります。
______ ______ the kind of movies, action is popular.

□(2) 5人は恋愛物語やコメディーのようなほかの種類が好きです。
Five like other kinds, ______ ______ love stories or comedies.

□(3) 私たちの調査の結果，この映画は人気があります。
______ ______ ______ of our research, this movie is popular.

Point

・「…について言えば」
→as for ...
・「～のような…」
→... such as ～
・「(…の)結果として」
→as a result (of) ...

3 日本語に合う英語になるように，語句を正しく並べかえなさい。

□ 10人を超える人が，数学がいちばん好きです。
the best / than / math / ten / like / more / .

____

Point

・「…より多くの人」
→more than ...

教科書内容の確認

次の英文が教科書88ページの本文の内容と合うものには○を，合わないものには×をつけなさい。

□(1) In Josh's class, science fiction movies are more popular than horror movies. (　　)

□(2) Josh was surprised to find that more than half of his class like animated movies the best. (　　)

解答 p.20

Unit 6 Research Your Topic

Read and Think ②

Key Sentence 23　as＋原級＋as

「～と同じくらい…」「～ほど…ではない」という言い方

This movie is **as** popular **as** that one.
（この映画はあの映画と同じくらい人気があります。）

２つのものや２人を比べて，「～と同じくらい…」と言うときは，形容詞や副詞をそのまま（原級）使い，**as＋形容詞[副詞]＋as** ～の形で表す。

「～と同じくらい…」　This movie is as popular as that one.
as＋形容詞＋as

as＋形容詞[副詞]＋as ～の否定の文の，**not as＋形容詞[副詞]＋as** ～は「～ほど…ではない」という意味になる。

「～ほど…ではない」　This movie is not as popular as that one.
not as＋形容詞＋as
（この映画はあの映画ほど人気がありません。）

not as＋形容詞[副詞]＋as ～の文は，比較級を使った文に書きかえることができる。

This movie is not as popular as that one.
＝That movie is more popular than this one.
（あの映画はこの映画よりも人気があります。）

Check!
この物語はあの物語と同じくらい有名です。
This story is (　as　) famous (　as　) that one.

New Words
① 文字　(letter)　② （座席の）列　(row)
③ はっきりと　(clearly)　④ speakの過去形　(spoke)

❶ 絵を見て，「～と同じくらい…」という文を作りなさい

例 Meg is as old as Tom.

(1)

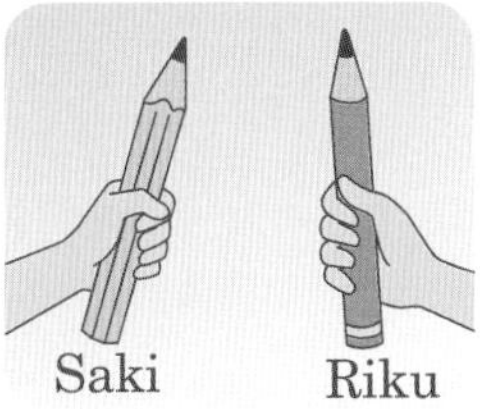

(2)

(3)

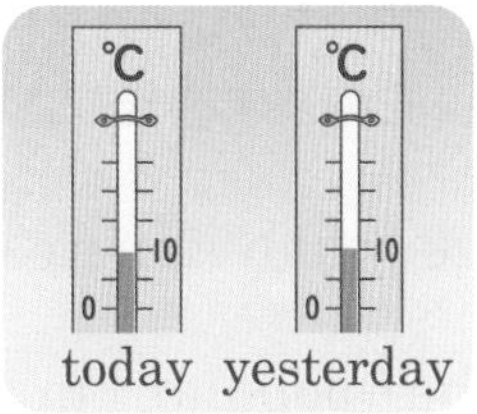

□(1) Saki's pencil is ______ long ______ Riku's.

□(2) Emily has ______ ______ books ______ John.

□(3) Today is as ______ ______ yesterday.

Navi
それぞれ次の意味の文を作る

(1) サキのえんぴつはリクのものと同じくらいの長さです。
(2) エミリーはジョンと同じくらいの数の本を持っています。
(3) 今日は昨日と同じくらいの寒さです。

❷ 日本語に合う英語になるように，______に正しい語を入れなさい。

□(1) アクション映画は２番めに人気がある映画の種類です。
Action movies are ______ ______ ______ popular kind of movies.

□(2) 私はお気に入りの映画について話したい気がします。
I ______ ______ ______ about my favorite movies.

Point
・「２番めに…」
→the second＋最上級
・「…したい気がする」
→feel like ...ing

❸ 日本語に合う英語になるように，語句を正しく並べかえなさい。

□(1) リサはユカと同じくらいの量を食べました。
much / Yuka / ate / as / as / Lisa / .

____

□(2) 私のかばんはあなたのものより重くありません。
as / yours / is / heavy / not / as / my bag / .

____

Point
・「同じくらいの量」の「量」はmuchで表す。

Unit 6

教科書内容の確認

次の英文が教科書90ページの本文の内容と合うものには○を，合わないものには×をつけなさい。

□(1) Thanks to the graphs, Kaito thought it was easy to understand the result of Josh's reseach. (　　)

□(2) Kaito could understand Josh's presentation without any problems. (　　)

解答 p.20

Unit 6 総合問題

教科書 85 ▸ 91

1 文法 （　　）内の語を正しい形にかえて，______に書きなさい。１語とは限りません。また，かえる必要がなければ，そのまま書きなさい。

□(1) Canada is (large) than America. ______

□(2) This player is the (popular) in the team. ______

□(3) I think this idea is (good) than that one. ______

□(4) The temple is as (famous) as the shrine. ______

2 語句・表現 日本語に合う英語になるように，______に正しい語を入れなさい。

□(1) ケンタとトムでは，どちらの方が背が高いですか。
Who is ______, Kenta ______ Tom?

□(2) このＴシャツが４枚の中でいちばん新しいです。
This T-shirt is the newest ______ ______ ______.

□(3) 利根川は日本で２番めに長い川です。
Tone River is ______ ______ ______ river in Japan.

□(4) 私は風呂に入りたい気分です。
I ______ ______ ______ a bath.

3 文法 各文を（　　）内の指示にしたがって書きかえなさい。

□(1) This quiz is easier than the first one.（ほぼ同じ意味の文に）
The first quiz is ______ ______ than this one.

□(2) I like sushi.（「全ての食べ物の中でいちばん」という意味を加えて）
I like sushi ______ ______ ______ all foods.

□(3) This mountain is not as famous as Mt. Fuji.（ほぼ同じ意味の文に）
Mt. Fuji is ______ ______ ______ this mountain.

ヒント

1(2) 比較的つづりの長い語であることに着目。　2(4) 「…したい気がする」＝feel like ...ing

3(2) 「…がいちばん好き」＝like ... the best　(3) not as ... as ～＝「～ほど…ではない」

4 文法　日本語に合う英語になるように，語句を正しく並べかえなさい。

□(1) 私は家族の中でいちばん早く起きます。

get / the earliest / my family / up / in / I / .

□(2) リカはイヌよりネコの方が好きです。

likes / Rika / better / dogs / cats / than / .

□(3) メグはケンと同じくらい速く泳ぐことができます。

fast / Ken / as / can / as / Meg / swim / .

5 読解　ジョシュの発表を読んで，あとの問いに答えなさい。

Do you like movies?

We asked our classmates this question. We asked the “yes” group, “What kind of movies do you like?”

Please look at the graphs. According to our research, ninety-five percent of our classmates like movies. As for the kind of movies, fifteen of our classmates like animated movies the best. Nine of them like action movies the best, and science fiction got the same number. Five like other kinds, such as love stories, comedies, or horror movies.

As a result of our research, we found that animated movies are the most popular in our class. However, more than half of the class likes other kinds of movies better than animated movies. That was a big surprise to us.

□(1) 下線部thatはどのようなことを指していますか。日本語で書きなさい。

(　　　　　　　　　　　　　　　　　　　　　　　　)

□(2) 本文の内容と合うものには○を，合わないものには×をつけなさい。

ア　Most of the students in Josh’s class like movies.　(　　)

イ　In Josh’s class, action movies are as popular as science fiction movies.　(　　)

ウ　The result shows that five students like horror movies.　(　　)

ヒント

4(2)　「AよりBの方が好き」＝like B better than A　(3)　「～と同じくらい…」＝as ... as ～

5(1)　直前の１文の内容を参照。　(2)　本文３～７行めの内容を参照。

解答 p.21

Let's Talk ④

教科書 93

買い物 ―申し出る・要望を伝える―

Today's Point　Shall I ...?

Shall I show you a bigger one?　―― Yes, please.
（もう少し大きいものを出しましょうか。　―― はい，お願いします。）

「…しましょうか」と相手に申し出るときは，**Shall I ...?** と言う。

「…しましょうか」　**Shall I** show you a bigger one?
（show：動詞の原形）

※**Shall we ...?** は，「…しましょうか」と相手を誘う言い方になる。

Shall I ...? とたずねられたら，申し出を受けるときはYes, please.，断るときはNo, thank you.（いいえ，結構です。）のように答える。

買い物のときに，店員や客がよく使う言い方には，次のようなものがある。

店員：May I help you?（いらっしゃいませ。）
What size are you looking for?（どのサイズをおさがしですか。）
How about this one?（こちらはいかがですか。）

客：I'm looking for a sweater.（私はセーターをさがしています。）
How much is it?（それはいくらですか。）
I'll take it.（それにします[それを買います]。）

Check!
青いものを出しましょうか。―― はい，お願いします。
（ Shall ）（ I ）show you a blue one?　―― Yes, please.

New Words

① サイズ，寸法	（ size ）	② 値段	（ price ）
③ 商品，品物	（ goods ）	④ 客，顧客	（customer）
⑤ …未満で	（ under ）	⑥ 中くらいの，Mサイズの	（ medium ）

❶ 絵を見て，店員とミサキの会話を作りなさい。

□店員　：　① ＿＿＿＿＿ I help you?
□ミサキ：　Yes, ② ＿＿＿＿＿.
□　　　　　I'm ③ ＿＿＿＿＿ for a T-shirt.
　　　　　　Do you have a blue one?
□店員　：　Yes. How ④ ＿＿＿＿＿ this one?
　ミサキ：　That's nice, but I think it's too big for me.
　店員　：　I see.
□　　　　　⑤ ＿＿＿＿＿ I show you a smaller one?
□ミサキ：　Yes, ⑥ ＿＿＿＿＿.
　　　　　　　………………………………………
　店員　：　Here you are.
　ミサキ：　That looks good.
□　　　　　How ⑦ ＿＿＿＿＿ is it?
　店員　：　It's twenty-five dollars.
□ミサキ：　OK. I'll ⑧ ＿＿＿＿＿ it.

Navi
それぞれ次の内容に注意して文を作る

① 店員が最初に客に声をかけるときのことば。
② 「はい，お願いします」という答え方。
③ 「…をさがしています」という言い方。
④ 「…はいかがですか」と提案する言い方。
⑤ 「もう少し小さいものを出しましょうか」と申し出る言い方。
⑥ ②と同じ。
⑦ 店員のtwenty-five dollarsから判断する。
⑧ 「それをください」という言い方。

❷ 日本語に合う英語になるように，語句を正しく並べかえなさい。

□(1)　料理するのを手伝いましょうか。
with / I / you / cooking / shall / help / ?

＿＿＿＿＿＿＿＿＿＿＿＿＿＿＿＿＿＿＿＿＿＿＿＿＿＿＿＿＿＿

□(2)　あなたに何か食べるものを作ってあげましょうか。
make / shall / you / to eat / I / something / ?

＿＿＿＿＿＿＿＿＿＿＿＿＿＿＿＿＿＿＿＿＿＿＿＿＿＿＿＿＿＿

Point
どちらも「…しましょうか」と申し出る言い方。
(2) 目的語を2つとり，うしろの目的語には〈to＋動詞の原形〉が加わる。

解答 p.21

比較表現 —— ものを比べよう

複数のものや人を比べるときは，形容詞や副詞の原級(もとの形)，比較級，最上級を使って表す。

形を覚えよう

比較級
「～よりも…」

Ken is **taller than** Tom.
形容詞の語尾をer　└～よりも

Ken swims **faster than** Tom.
副詞の語尾をer

Soccer is **more popular than** basketball in my class.
more＋形容詞［副詞］の原級

★popular，interestingのようなつづりの比較的長い語にmoreをつける。

最上級
「いちばん…」

Ken is **the tallest** in my class.
the＋形容詞の語尾をest

Ken swims **the fastest** in my class.
the＋副詞の語尾をest

Soccer is **the most popular** sport in my class.
the＋most＋形容詞［副詞］の原級

★popular，interestingのようなつづりの比較的長い語にmostをつける。

---

as … as ～
「～と同じくらい…」

Ken is **as tall as** Jack.
as＋形容詞［副詞］の原級＋as

1 次の語の比較級と最上級を書きなさい。

□

原級	比較級	最上級
long		
big		
easy		
good / well / very much		
difficult		

2 (　　) 内の語を正しい形にかえて，＿＿＿に書きなさい。1語とは限りません。また，かえる必要がなければ，そのまま書きなさい。

□(1) This shrine is (old) than that temple. ＿＿＿＿＿＿

□(2) Ms. Smith speaks (slowly) than Mr. Lee. ＿＿＿＿＿＿

□(3) Riku came to school the (early) in his class today. ＿＿＿＿＿＿

□(4) Watching tennis games is as (fun) as playing it. ＿＿＿＿＿＿

3 日本語に合う英語になるように，＿＿＿に正しい語を入れなさい。

□(1) このリンゴが５つの中でいちばん小さいです。
This apple is the ＿＿＿＿ ＿＿＿＿ ＿＿＿＿ five.

□(2) あなたは野球とサッカーのどちらの方が好きですか。
Which do you like ＿＿＿＿, baseball ＿＿＿＿ soccer?

□(3) 私はあなたほど忙しくはありません。
I'm ＿＿＿＿ ＿＿＿＿ busy ＿＿＿＿ you.

4 日本語に合う英語になるように，語句を正しく並べかえなさい。

□(1) 私はお父さんより遅く帰宅しました。
came home / my father / later / than / I / .

＿＿＿＿＿＿＿＿＿＿＿＿＿＿＿＿＿＿＿＿＿＿＿＿

□(2) 日本でいちばん人気のある歌手はだれですか。
most / Japan / who / singer / the / popular / is / in / ?

＿＿＿＿＿＿＿＿＿＿＿＿＿＿＿＿＿＿＿＿＿＿＿＿

□(3) あなたはどの季節がいちばん好きですか。
best / you / season / the / do / like / which / ?

＿＿＿＿＿＿＿＿＿＿＿＿＿＿＿＿＿＿＿＿＿＿＿＿

□(4) メグはサリーと同じくらい熱心に日本語を学びます。
studies / Sally / hard / as / Meg / as / Japanese / .

＿＿＿＿＿＿＿＿＿＿＿＿＿＿＿＿＿＿＿＿＿＿＿＿

解答 p.22

Stage Activity ②

教科書 96 ▸ 98

Research and Presentation

重要文

クラスで人気のあるものを調べて発表する

Seventy-five percent of our classmates like sports. **Eleven of** our classmates like soccer the best. **We found that** soccer is the most popular sport in our class.

私たちのクラスメートの75パーセントが，スポーツが好きです。クラスメートの11人が，サッカーがいちばん好きです。私たちはサッカーがクラスでいちばん人気のあるスポーツだとわかりました。

クラスで人気のあるものを調べて発表するときは，どのくらいの人が，何を好きなのかを分析《ぶんせき》して，割合や具体的な人数などを述べる。

「～の…パーセント」と割合を言うときには，数字＋percent of ～などで表す。

Seventy-five percent of our classmates like sports.
数字＋percent of

Half of them like baseball. （彼らの半分が，野球が好きです。）
「の半分」

「～の…人」と具体的な人数を言うときは，数字＋of ～で表す。

Eleven of our classmates like soccer the best.
数字＋of

分析してわかったことを言うときは，We [I] found that .... の文で表す。

We found that soccer is the most popular sport in our class.
主語＋動詞 ... （わかった内容）

Check!

先発メンバーの５人が，そのくつを持っています。
(Five) (of) the starters have the shoes.

私たちは日本の文化は世界で人気があるとわかりました。
(We) (found) (that) Japanese culture is popular in the world.

1 日本語に合う英語になるように，＿＿＿に正しい語を入れなさい。

□(1) 私のクラスメートの80パーセントが，音楽が好きです。

Eighty ＿＿＿＿ ＿＿＿＿ my classmates like music.

□(2) 私のクラスメートの５人が，ダンスミュージックが好きです。

＿＿＿＿ ＿＿＿＿ my classmates like dance music.

□(3) 私はポップミュージックがクラスでいちばん人気のある音楽だとわかりました。

I ＿＿＿＿ ＿＿＿＿ pop music is the most popular music in my class.

Navi

それぞれ次の表現に注意して文を作る

(1)「～の…パーセント」
→数字＋percent of ～

(2)「～の…人」
→数字＋of ～

(3)「…だとわかった」
→found that＋主語＋動詞 ...

2 あなたはクラスメートの「好きな動物」について調査して，その結果を下のように集計しました。これを分析して，(1)～(3)にわかったこと，(4)に感想を英語で書きなさい。

【調査結果】

Do you like animals?	Yes	No		
	30	8		
What is your favorite animal?	dogs	cats	birds	others
	9	12	6	3

□(1) ＿＿＿＿＿＿＿＿＿＿＿＿＿＿
our classmates like animals.

□(2) ＿＿＿＿＿＿＿＿＿＿＿＿＿＿
our classmates like dogs the best.

□(3) I found that
＿＿＿＿＿＿＿＿＿＿＿＿＿＿.

□(4) ＿＿＿＿＿＿＿＿＿＿＿＿＿＿.

Point

・「…がいちばん好き」
→like ... the best

・「私は…と知ってうれしい[驚いた]」
I'm glad [surprised] to know that ....

解答 p.22

Let's Read 2 A Glass of Milk

教科書 100▸101

① 重要文 動名詞と比較級

「…すること」という言い方と「～よりも…」という言い方(復習)

When he finished drink**ing** the milk, the boy felt much **better.**
(彼が牛乳を飲み終えたとき，その男の子はずっと気分がよく感じました。)

The boy felt strong**er** than before.
(その男の子は前よりもじょうぶに感じました。)

動名詞(動詞のing形)は，「…すること」という意味で名詞の働きをし，動詞の目的語や文の主語になる。

He finished drinking the milk.
finish ...ing =「…し終わる」

※want，hopeなどの動詞は動名詞を目的語にとらない。

２つのものや２人を比べて，「～よりも…」と言うときは，形容詞や副詞の比較級(...er)を使って，比較級＋than ～で表す。

The boy felt stronger than before.
形容詞strongの比較級 └「～よりも」

比較級を「ずっと…」と強調するときは，比較級の前にmuchを置く。

The boy felt much better. (その男の子はずっと気分がよく感じました。)
「ずっと」 └副詞wellの比較級

Check!
彼がその部屋をそうじしたとき，それはずっとよく見えました。
When he finished (cleaning) the room, it looked (much) (better).

New Words

① 思いをめぐらす (wonder)　② 払《はら》う (pay)
③ ポケット (pocket)　④ 昔 (once)
⑤ (お金)をかせぐ (earn)　⑥ leaveの過去形 (left)

1 日本語に合う英語になるように，______に正しい語を入れなさい。

□(1) 彼はポケットから硬貨を取り出しました。

He took the coins ______ ______ his pocket.

□(2) 彼はにっこり笑って歩いて行きました。

He walked away ______ ______ ______.

□(3) 彼女は彼が順調にやっていることを望んでいました。

She hoped he was ______ ______.

Navi
それぞれ次の表現に注意して文を作る

(1)「…から(外へ)」
→out of ...
(2)「ほほえみ」
→smile
(3)「順調にやる」
→do well

2 文章を読んで，あとの問いに答えなさい。

Once, a poor young boy was selling candy door-to-door. He was earning money to go to school. He was very hungry, but he had only a few coins.

The boy went to a house to sell candy. He knocked on the door and a woman opened it. She said, “I have no money for candy.” She was not well-off herself.

When the boy was about to leave, the woman said, “Wait.” She felt sorry for him because he looked very hungry. So she brought him a glass of milk.

□(1) 下線部を日本語にしなさい。

(　　　　　　　　　　　　　　　　　　　　　　　　　　　　　　)

□(2) 本文の内容について，質問に英語で答えなさい。

Why did the boy have to earn money?

____

Point

(1) be about to ...
→今にも…しようとしている
(2) 本文2行目を参照。

教科書内容の確認

教科書100～101ページの本文の内容について，質問に英語で答えなさい。

□(1) Why did the boy go to the woman's house?

— ______ ______ candy.

□(2) What did the boy get from the woman?

— He got ______ ______ ______ ______.

解答 p.22

Let's Read 2 教科書 102▸103

A Glass of Milk

② 重要文 have to＋動詞の原形

「…しなければならない」という言い方(復習)

The doctors had to give her an operation right away.
(医師らは彼女にすぐ手術をしなければなりませんでした。)

「…しなければなりません」と，必要性や義務を表すときは，**have [has] to＋動詞の原形**を使う。

We have to do our homework first.
have to＋動詞の原形
(私たちは最初に宿題をしなければなりません。)

Tim has to go home now.
has to＋動詞の原形
(ティムは今，家に帰らなければなりません。)

主語に合わせてhaveとhasを使い分けるよ。

「…しなければなりませんでした」と，過去の文にするときは，**had to＋動詞の原形**を使う。

The doctors had to give her an operation right away.
had to＋動詞の原形

疑問文や否定文の作り方は，一般動詞の文と同じ。

What does Meg have to do today?
(メグは今日，何をしなければなりませんか。)
── She has to study. But she doesn't have to clean her room.
(── 彼女は勉強しなければなりません。けれども彼女の部屋をそうじしなくていいです。)

Check! 彼はお母さんにEメールをおくらなければなりませんでした。
He (had) (to) send an e-mail to his mother.

New Words
① …をおくる (send) ② 目が覚める (wake)
③ …だと気づく (realize) ④ こわがって (afraid)

1 日本語に合う英語になるように，______に正しい語を入れなさい。

□(1) 彼女は中を見るのをこわがりました。
She ______ ______ ______ look inside.

□(2) メモには「全部支払い済みです」と書いてありました。
The note said, “Paid ______ ______.”

□(3) その記事には，多くの若い人々が学校に行くためにお金をかせいでいると書いてあります。
The article ______ that many young people are earning money to go to school.

Navi
それぞれ次の表現に注意して文を作る

(1)「こわがって」
→afraid
(2)「全部，完全」
→full
(3)「…と書いてある」
→say

2 文章を読んで，あとの問いに答えなさい。

> The years went by and the woman got old. One day, she felt ill and fell down in front of her house. The local doctor could not help her, so he sent her to a big hospital in the city.
>
> The doctors had to give her an operation right away. When she woke up, she was happy to be alive. Then she realized, “I have no money for this operation. <u>What should I do?</u>”

□(1) 女の人が下線部のように思ったのはなぜですか。日本語で書きなさい。
(　　　　　　　　　　　　　　　　　　　　　　　　)

□(2) 本文の内容について，質問に英語で答えなさい。
Where did the woman fall down?

____

Point
(1) 直前の１文に着目。
(2) 本文１～２行めに着目。

教 科書内容の確認

教科書102ページの本文の内容について，質問に英語で答えなさい。

□(1) Who gave the woman an operation?
—— The doctors at a ______ ______ in ______ ______.

□(2) How did the woman feel when she woke up?
—— She was ______ ______ ______ ______.

解答 p.22～23

Let's Listen ⑥

教科書104

商品のコマーシャル

商品のコマーシャルを聞き，商品の特長を聞き取る

商品のコマーシャルを聞くときには，どんな商品なのか，どこでいつ買えるのか，値段などに注意して聞き取ろう。

練習１ ピザのコマーシャルを聞いて，正しいものを選び，記号で答えなさい。

① 販売期間	ア 11月１日～12月12日 イ 10月１日～12月20日
② 商品の情報 （紹介されたものを２つ選ぶ）	ア 12種類のピザ イ ３種類の新しいピザ ウ スーパーマーケットで購入できる エ コンビニエンスストア限定
③ 値段	ア ＄4.10　イ ＄4.15 ウ ＄4.30　エ ＄4.50

□①（　　）　□②（　　）（　　）　□③（　　）

練習２ ピザのコマーシャルを聞いて，______に当てはまる数字や語句（１～４語）を書きなさい。

□ *Buonasera*, this is Mario's Pizza from Italy! We usually sell our pizza at ______. Now, we have some great news. From ______ to ______, you can buy our special pizza at ______. We have ______ kinds of pizza, but you can find ______ kinds there. Deluxe Cheese Pizza! Italian Tomato Pizza! And Mario's Special Pizza! You can get them ______. And we're offering you a special price. They are ______ dollars and ______ cents each. Why don't you try Mario's Pizza? *Ciao*!

deluxe＝豪華《ごうか》な

1 薬(medicine)のコマーシャルを聞いて，正しいものを選び，記号で答えなさい。

①　薬の種類	ア　胃薬　　イ　かぜ薬　　ウ　痛み止め
②　薬の特長 （紹介されているものを ２つ選ぶ）	ア　強めの薬でよく効く。 イ　服用後，胃が痛くならない。 ウ　空腹時でも服用できる。 エ　服用後，眠くならない。 オ　効き目が早い。

□①　（　　　）

□②　（　　　）（　　　）

2 コマーシャルの続きを聞いて，正しいものを選び，記号で答えなさい。

①　娘にすすめた薬	ア　お父さんと同じ薬 イ　お父さんとはちがう薬
②　薬の特長 （紹介されているものを ２つ選ぶ）	ア　７歳をこえている人が対象。 イ　15歳をこえている人が対象。 ウ　水なしでも飲めるタイプ。 エ　キャンディーのように甘い味。 オ　持ち運び用のケースがついている。

□①　（　　　）

□②　（　　　）（　　　）

解答 p.23

Unit 7 World Heritage Sites

Scene ①

Key Sentence 24　受け身

「…されます」「…されています」という言い方

This place **is selected** as a World Heritage site.
（この場所は世界遺産に選ばれています。）

「…されます」や「…されています」のように，受け身の意味を表すときは，**be動詞＋過去分詞**の形を使う。

「…される」　This place **is selected** as a World Heritage site.
be動詞＋動詞の過去分詞

※be動詞は，主語と時制に合わせて使い分ける。

「…された」と言うときは，
was [were]＋過去分詞にするよ。

過去分詞は，ふつうは動詞の過去形と同じだが，不規則に形が変わるものもある。

よく使われる不規則動詞

原形	過去形	過去分詞	原形	過去形	過去分詞
make →	made →	made	eat →	ate →	eaten
say →	said →	said	give →	gave →	given
sell →	sold →	sold	see →	saw →	seen
find →	found →	found	take →	took →	taken

Check!　その鳥は動物園でだいじにされています。
The bird (is) (taken) care of in the zoo.

New Words

① …を決める (decide)　② タイプ，種類 (type)
③ 自分自身の，独自の (own)　④ 自然の (natural)
⑤ 特有の，独特な (unique)　⑥ 貴重な，大切な (precious)

1 (　　)内の語を正しい形にしなさい。

(1) English is (use) in many countries.
(2) These are (clean) every day.
(3) The game (be) played yesterday.
(4) These pens (be) found this morning.

□(1) ______　　□(2) ______
□(3) ______　　□(4) ______

Navi
それぞれ次の内容に注意して文を作る

(1)(2) 動詞を過去分詞にする。
(3)(4) 文末に過去を表す語句があるので、be動詞は過去形にする。

2 英語の意味を日本語で書きなさい。

□(1) This door is opened at eight.
このドアは(　　　　　　　　　　)。
□(2) A lot of food was needed for the party.
パーティー用に(　　　　　　　　　　)。

Point
どちらも受け身を表す文。「時」に注意する。

3 次の英文の内容と合うように，______に正しい語を入れなさい。

Many people visit Kyoto every year. They love its long history and old buildings.

□(1) Kyoto ______ ______ ______ many people every year.
□(2) Its long history and old buildings ______ ______ ______ them.

Point
もとの文の内容を受け身の形で表す。主語に注意する。

4 日本語に合う英語になるように，語句を正しく並べかえなさい。

□　選択基準は1972年に決められました。
decided / 1972 / were / in / the selection standards / .

____

Point
時を表す語句はふつう文末に置く。

教科書内容の確認

教科書107ページの本文の内容について，質問に英語で答えなさい。

□(1) When were the selection standards of World Heritage sites decided?
—— ______ ______.
□(2) How many types do World Heritage sites have?
—— ______ types.

Unit 7

解答 p.24

Unit 7 World Heritage Sites

Scene ②

Key Sentence 25　受け身の疑問文

「…されていますか」という言い方

The mountains **are listed** as a natural heritage site.
（その山々は自然遺産の地域として登録されています。）

Are the mountains **listed** as a natural heritage site?
（その山々は自然遺産の地域として登録されていますか。）

— Yes, they **are**. [No, they **are not**.]
（— はい，そうです。[いいえ，そうではありません。]）

「…されていますか」とたずねるときは，be動詞＋過去分詞の**be動詞を主語の前に**出す。

「…されている」　The mountains are listed as ....

「…されていますか」　Are the mountains listed as ...?
主語の前に

答えの文もbe動詞を使って答える。

Yes, they are. / No, they are not.

「なぜ…」のような疑問詞を使ってたずねるときは，疑問詞で文をはじめる。

Why are they called “blue”?　（なぜそれらは「青い」と呼ばれるのですか。）
疑問詞　be動詞　過去分詞

Check!　これらの教室は，毎週火曜日に使われていますか。
(Are) these classrooms (used) on Tuesdays?

New Words

① …を(文化財のリストに)載せる	(list)	② 森，森林	(forest)
③ …を保存する，保護する	(preserve)	④ 美しさ，美	(beauty)
⑤ (草木の)葉	(leaf)	⑥ leafの複数形	(leaves)

1 絵を見て，質問に英語で答えなさい。

(1)

(2)

(3)

Navi
それぞれ質問の意味は次のとおり
(1) この映画は日本で愛されていますか。
(2) これらの車は日本製ですか。
(3) これらのリンゴは長野から持ってこられたものですか。

□(1) Is this movie loved in Japan?
____ ________, ________ ________.

□(2) Are these cars made in Japan?
____ ________, ________ ________.

□(3) Were these apples brought from Nagano?
____ ________, ________ ________.

2 日本語に合う英語になるように，＿＿＿に正しい語を入れなさい。

□(1) その山々は油を含んだ霧のために青に見えます。
The mountains look blue ________ ________ an oily mist.

□(2) なぜその山々は「ブルーマウンテンズ」と呼ばれるのですか。
Why ________ the mountains ________ “the Blue Mountains”?

Point
原因・動機を表す語句はふつう文末に置く。
・「【原因・動機】…のため，…で」
→because of
・受け身の疑問文はbe動詞を主語の前に出す。

3 日本語に合う英語になるように，語句を正しく並べかえなさい。

□ その会社はいつ創立されたのですか。
the company / when / founded / was / ?
____

Point
疑問詞で疑問文をはじめる。

教科書内容の確認

次の英文が教科書108ページの本文の内容と合うものには○を，合わないものには×をつけなさい。

□(1) The Blue Mountains are listed as a natural heritage site. (　　)
□(2) The eucalyptus trees on the Blue Mountains have blue leaves. (　　)

解答 p.24

Unit 7 World Heritage Sites

Read and Think ①

Key Sentence 26　byつきの受け身

「…によって～されます」「…によって～されています」という言い方

The city **is visited by** too many tourists.
（その市にはあまりにも多くの観光客が訪れています。）

「…によって～されます」「…によって～されています」と言うときは，受け身の文に by … をつけて，**be動詞＋過去分詞＋by …** の形で表す。

「…によって～される」　The city is visited by too many tourists.
（is visited by：be動詞＋動詞の過去分詞＋by）（too many tourists：行為者）

by …がついた受け身の文は，ふつうの文の目的語を主語にすることで，「～されている」ことやその行為をした人を強調している。

ふつうの文　Too many tourists visit the city.（the city：目的語）

受け身の文　The city is visited by too many tourists.（The city：主語）

byがつかない受け身の文は，動作を行った人が重要ではないときや，はっきりしないときに使われるよ！

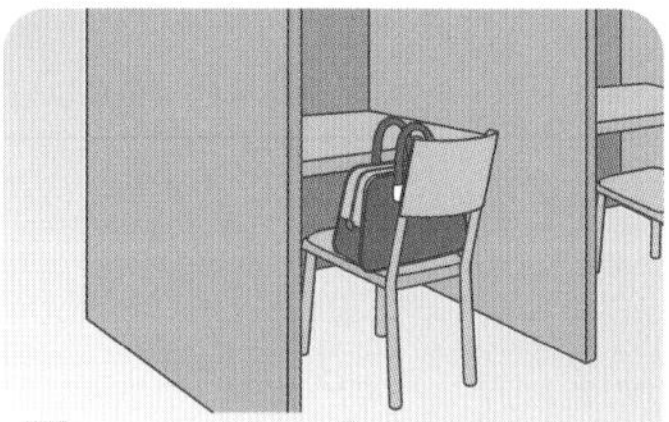

The seat is taken.
（その席は取られています。）

Check!
その動物園には多くの子供たちが訪れています。
The zoo (is) (visited) (by) many children.

New Words
① …を横切って，横断して（ across ）　② 光景，名所（ sight ）
③ 重大な，(病気などが)重い（ serious ）　④ buildの過去分詞（ built ）

1 日本語に合う英語になるように，______に正しい語を入れなさい。

□(1) 多くの島は運河や橋によってつながれています。

Many islands ______ ______ ______ canals and bridges.

□(2) その土地は波によって損害を与えられています。

The ground ______ ______ ______ the waves.

□(3) その家は私のお父さんによって建てられました。

The house ______ ______ ______ my father.

Navi
それぞれ次の内容に注意して文を作る

受け身の文はbe動詞＋過去分詞の形で表す。
(1)「…をつなぐ」→connect
(2)「…に損害を与える」→damage
(3)「建てる」→build

2 英語の意味を日本語で書きなさい。

□(1) The boy is called Hiro by his family.

(　　　　　　　　　　　　　　　　　　　　)

□(2) Were you asked the way by anyone?

(　　　　　　　　　　　　　　　　　　　　)

Point

・calledはcall(…を～と呼ぶ)の過去分詞。
・askedはask(…をたずねる)の過去分詞

3 日本語に合う英語になるように，語句を正しく並べかえなさい。

□(1) 私はメグによってそのパーティーに招待されました。

was / to / I / Meg / invited / by / the party / .

____

□(2) その動物は子供たちによって愛されていますか。

children / the animal / by / is / loved / ?

____

Point

・「…を～に招待する」→invite ... to ～

教 科書内容の確認

次の英文が教科書110ページの本文の内容と合うものには○を，合わないものには×をつけなさい。

□(1) The water buses in Venice are used by the tourists and the citizens. (　　)

□(2) Venice is sinking because too many people live in the city. (　　)

解答 p.25

Unit 7 World Heritage Sites

Read and Think ②

Key Sentence 27 助動詞つきの受け身

「…されることができる」のような言い方

Mt. Fuji **can be seen** from different angles.
（富《ふ》士《じ》山《さん》はいろいろな角度から見られます。）

canやwillのような助動詞の後ろの動詞は原形になるため，助動詞つきの受け身の文は，助動詞＋be＋過去分詞の形で表す。

「…されることができる」　Mt. Fuji **can be seen** from different angles.
can be＋動詞の過去分詞

「…されるだろう」　The door **will be opened** at nine.
will be＋動詞の過去分詞
（そのドアは9時に開けられるでしょう。）

「…されるかもしれない」　The bike **may be used** by children.
may be＋動詞の過去分詞
（その自転車は子供によって使われるかもしれません。）

「…されるべきだ」　Nature **should be preserved**.
should be＋動詞の過去分詞
（自然は保存されるべきです。）

「…されなければならない」　Meat **must be cooked** carefully.
must be＋動詞の過去分詞
（肉は注意深く調理されなくてはなりません。）

Check!
その植物はいろいろな地域で見られます。
The plants (can) (be) (seen) in different areas.

New Words
① …に影響を及ぼす　(influence)　② 同じような，似た　(similar)
③ knowの過去分詞　(known)　④ seeの過去分詞　(seen)

1 日本語に合う英語になるように，______に正しい語を入れなさい。

□(1) 1つには，日本の人々はその山は神聖だと思っています。

______ ______ ______, Japanese people think the mountain is sacred.

□(2) 別の理由としては，その山は人々にすばらしい思いつきを与えます。

______ ______, the mountain gives people inspiration.

□(3) 富士山は世界的に知られています。

Mt. Fuji ______ ______ worldwide.

Navi
それぞれ次の内容に注意して文を作る

(1) 理由を述べるときに使うことば。
(2) for one thing（1つには）のあとに使うことば。
(3) know（知っている）の過去分詞はknown。

2 英語の意味を日本語で書きなさい。

□(1) The unique birds can be seen in this park.

(　　　　　　　　　　　　　　　　　　　　)

□(2) The work will be finished by tomorrow.

(　　　　　　　　　　　　　　　　　　　　)

Point

・can be＋過去分詞 →「…されることができる」
・will be＋過去分詞 →「…されるでしょう」

3 日本語に合う英語になるように，語句を正しく並べかえなさい。

□ ここで貴重な植物が見つかります。

here / can / found / be / the precious plants / .

____

Point

・「…が見つかる」 →... can be found

教科書内容の確認

教科書112ページの本文の内容について，質問に英語で答えなさい。

□(1) Do people around the world know that Mt. Fuji has a beautiful natural shape?

—— ______, they ______.

□(2) What do Japanese people think about Mt. Fuji?

—— They think it is ______, and ______ them ______.

解答 p.25

Unit 7 総合問題

教科書 107▸113

1 文法 (　　)内の語を正しい形に直して書きなさい。

□(1) The internet is (use) worldwide. ＿＿＿＿＿

□(2) Otani Shohei is (know) as a great baseball player. ＿＿＿＿＿

□(3) These temples (be) built about 100 years ago. ＿＿＿＿＿

□(4) The precious pieces can be (see) at the museum. ＿＿＿＿＿

2 語句・表現 日本語に合う英語になるように，＿＿に正しい語を入れなさい。

□(1) 世界遺産は世界中の人のためのものです。

World Heritage sites are for people ＿＿＿＿＿ ＿＿＿＿＿ the world.

□(2) 富士山はその美しさのために有名です。

Mt. Fuji is famous ＿＿＿＿＿ ＿＿＿＿＿ its beauty.

□(3) １つには，私は時間がありません。

＿＿＿＿＿ ＿＿＿＿＿ ＿＿＿＿＿, I don't have time.

□(4) 別の理由としては，私は裕福ではありません。

＿＿＿＿＿ ＿＿＿＿＿, I'm not well-off.

3 文法 各文を(　　)内の指示にしたがって書きかえなさい。

□(1) This shop is opened at ten.（疑問文に）

＿＿＿＿＿ this shop ＿＿＿＿＿ at ten?

□(2) Yuka cooked this omelet.（受け身の文に）

This omelet ＿＿＿＿＿ ＿＿＿＿＿ ＿＿＿＿＿ Yuka.

□(3) You can see the bears in the mountain.（受け身の文に）

The bears ＿＿＿＿＿ ＿＿＿＿＿ ＿＿＿＿＿ in the mountain.

ヒント

1(1)(2)(4) 受け身の文なので過去分詞にする。 (3) 文末に過去を表す語句があることに着目。

3(2)「ユカによって作られた」という意味にする。 (3) 助動詞のあとは動詞の原形を置く。

4 文法　日本語に合う英語になるように，語句を正しく並べかえなさい。

□(1)　あなたの車は日本製ですか。

car / Japan / made / is / in / your / ?

____

□(2)　彼は自分の友だちに影響されやすい。

is / by / easily / he / influenced / his friends / .

____

□(3)　その公園は次の日曜日に掃除されます。

will / Sunday / the park / cleaned / be / next / .

____

5 読解　文章を読んで，あとの問いに答えなさい。

Venice is called the City of Water. It's one of the most popular World Heritage sites. Its many islands are connected by canals and bridges. You can enjoy a gondola boat ride there.

There are many popular spots in Venice. The Rialto Bridge is one of them. It's built across the Grand Canal. It's an old and beautiful sight.

Venice is attractive, but it has serious problems. First, the city is visited by too many tourists. The tourists use water buses. The citizens have trouble because the buses get very crowded. Second, the city is sinking. It's built on soft ground. Many cruise ships make waves, and the ground is damaged by the waves. How can we preserve this World Heritage site?

□(1)　下線部の意味を，its が何を指しているか具体的に示して日本語で書きなさい。

(　　　　　　　　　　　　　　　　　　　　　　　　　　　　　　)

□(2)　ベネチアの２つの問題点をまとめた文を，日本語で完成しなさい。

①　多くの観光客が利用する(　　　　　　　　　)して，(　　　　　　　　　)が困っている。

②　(　　　　　　　　　)のせいで，(　　　　　　　　　)が損害を受け，その上にある市が(　　　　　　　　　)。

ヒント

4(1)　受け身の疑問文はbe動詞を主語の前に出す。　(3)　「…されるだろう」＝will be＋過去分詞

5(1)　its＝「それの」　(2)　第３段落の，First, とSecond, のあとに着目する。

解答 p.25

Let's Talk ⑤

教科書 115

電話でのやり取り —誘う・断る—

Today's Point　Do you want to ...?

Do you want to go with me**?**
（私といっしょに行きませんか。）

— **I'd like to, but I can't.**
（— 行きたいのですが，できないのです。）

「…しませんか[…したいですか]」と相手を誘うときは，**Do you want to ...?** と言う。

「…したいですか」　Do you want to go with me?
（go：動詞の原形）

相手を誘うときには，以下のような言い方もある。

「…しませんか」　Will you join us?（ごいっしょしませんか。）
（join：動詞の原形）

「…しませんか」　Why don't we play tennis?（テニスをしませんか。）
（play：動詞の原形）

誘いを受けるときは，OK, let's.（いいですよ，そうしましょう。）やI'd [I would] like to.（ええ，ぜひ。）と言う。

would like to ... はwant to ... よりもていねいな言い方だよ。

断るときは，**I'd like to, but I can't.** や，断る理由をつけ加えて，I'm afraid I can't ....（残念ですが…できません。）のように言う。

Check!

祭りに参加しませんか。
(　Do　) you (　want　) (　to　) join the festival?
— 参加したいのですが，できないのです。
— I'd (　like　) (　to　), but I can't.

New Words

① holdの過去分詞　(　held　)　② I wouldの短縮形　(　I'd　)

❶ 絵を見て，「あなたは…したいですか」と誘う文を作りなさい。

(1)

(2)

(3)

□(1) ________ ________ ________ to watch the baseball game with me?

□(2) ________ you ________ ________ play tennis with me?

□(3) ________ you ________ to ________ fishing with me?

Navi

それぞれ次の意味の文を作る

(1) あなたは私といっしょに野球の試合を見たいですか。
(2) あなたは私といっしょにテニスをしたいですか。
(3) あなたは私といっしょにつりに行きたいですか。

❷ 次の対話文が成り立つように，______に正しい語を入れなさい。

□(1) *A* : Let's go shopping.
B : OK, ________.

□(2) *A* : We're thinking of going camping. Will you join us?
B : ________ like ________, ________ I can't.
I have to go to the dentist.
A : That's ________ ________.

□(3) *A* : Why don't we go and see a movie tomorrow?
B : Sorry, I'm busy.
A : I see. Maybe some ________ ________.

Navi

それぞれ次の意味の会話になる

(1)A：買い物に行きましょう。
B：いいですよ，行きましょう。
(2)A：私たちはキャンプに行くことを考えています。ごいっしょしませんか。
B：行きたいのですが，できないのです。歯医者に行かなければならないのです。
A：それは残念ですね。
(3)A：明日，映画を見に行きませんか。
B：ごめんなさい，忙しいのです。
A：わかりました。また別の機会に。

❸ 日本語に合う英語になるように，語を正しく並べかえなさい。

□(1) あなたは私たちといっしょに来たいですか。
come / want / us / you / with / to / do / ?

____

□(2) 残念ですが，参加できません。
can't / you / I'm / join / I / afraid / .

____

Point

・「…したい」
→want to＋動詞の原形
・「残念ですが…」
→I'm afraid ...

解答 p.26

Grammar for Communication 6

教科書 116

受け身 ―― 視点を変えて情報を伝えよう

「～は…される」という意味の文を受け身といい，動詞を〈be動詞＋過去分詞〉の形で表す。

形を覚えよう

主語(S)　動詞(V)　修飾語

肯定《こうてい》文

The cake **was made** yesterday.
(be動詞＋過去分詞)

Natsumi made the cake. ←「～が…する」というふつうの文
(主語 / 動詞 / 目的語)

The cake **was made** by Natsumi.
(be動詞＋過去分詞) (動作をする人やものはby ...で表す)

The stars **can be seen** at night.
(助動詞＋be動詞＋過去分詞)

★be動詞は主語や時制に合わせる。

★助動詞を使った受け身の文では，助動詞のあとにbe動詞の原形のbeを置く。

否定文

The cake **was not made** by Natsumi.
(notをbe動詞のあとに入れる)

疑問文

Was the cake **made** by Natsumi?
(答えるときもbe動詞を使う)

―― Yes, it **was**.
No, it **was not**.

1 (　　)内の語を正しい形にしなさい。

□(1) Mr. Taylor was (ask) some questions in his class. ＿＿＿＿

□(2) The tower was (build) about 10 years ago. ＿＿＿＿

□(3) Those pictures are (collect) by my father. ＿＿＿＿

□(4) Naomi is (know) as a great athlete. ＿＿＿＿

□(5) The plan can be (change) if you want. ＿＿＿＿

❷ 日本語に合う英語になるように，＿＿に正しい語を入れなさい。

□(1) そのネコはみんなに好かれています。

The cat ＿＿＿＿ ＿＿＿＿ ＿＿＿＿ everyone.

□(2) 私のコンピュータは日本で作られました。

My computer ＿＿＿＿ ＿＿＿＿ in Japan.

□(3) これらの教室は，水曜日は使われません。

These classrooms ＿＿＿＿ ＿＿＿＿ ＿＿＿＿ on Wednesday.

□(4) これらの写真はいつ撮られたのですか。

When ＿＿＿＿ these pictures ＿＿＿＿?

❸ 次の文を，受け身の文に書きかえなさい。

□(1) Many people play this video game.

＿＿＿＿＿＿＿＿＿＿＿＿＿＿＿＿＿＿＿＿＿＿＿＿

□(2) The students can start the festival soon.

＿＿＿＿＿＿＿＿＿＿＿＿＿＿＿＿＿＿＿＿＿＿＿＿

❹ 日本語に合う英語になるように，語句を正しく並べかえなさい。

□(1) その本は有名な作家によって翻訳されました。

was / a famous writer / translated / the book / by / .

＿＿＿＿＿＿＿＿＿＿＿＿＿＿＿＿＿＿＿＿＿＿＿＿

□(2) その駅はいつ建てられましたか。

the station / built / was / when / ?

＿＿＿＿＿＿＿＿＿＿＿＿＿＿＿＿＿＿＿＿＿＿＿＿

□(3) その試合は次の日曜日に開かれます。

Sunday / be / the game / next / will / held / .

＿＿＿＿＿＿＿＿＿＿＿＿＿＿＿＿＿＿＿＿＿＿＿＿

解答 p.26

Let's Listen ⑦

教科書117

店内のアナウンス

店内のアナウンスを聞き，イベントなどの情報を聞き取る

ショッピングセンターなどの店内でのアナウンスを聞き取るときには，何についてのアナウンスなのか，日程や場所などに注意して聞こう。

練習1 ショッピングセンターでのアナウンスを聞いて，正しいものを選び，記号で答えなさい。

① 新店舗があるのは	ア 1階　　イ 2階　　ウ 3階
② 特別ランチがあるのは	ア 和食レストラン「さくら」 イ カフェ・グリーンガーデン
③ グリーンヒルメンバーズカード提示で	ア 和食レストラン「さくら」で割引 イ カフェ・グリーンガーデンでコーヒー無料 ウ カフェ・グリーンガーデンでケーキ無料

□①（　　）　□②（　　）　□③（　　）

練習2 ショッピングセンターでのアナウンスを聞いて，______に当てはまる数字や語句（1～2語）を書きなさい。

□ Thank you for coming to Green Hill Shopping Mall today. Next Sunday, a new restaurant and cafe will open on the ______ floor. The Japanese restaurant "Sakura" is coming to our city. It will hold an opening festival, and you can have a ______ for 850 yen. Please enjoy wonderful Japanese dishes for lunch. Also, Cafe Green Garden will open on the same day. The cafe has many kinds of coffee from all over the world. If you have a Green Hill Members Card, you can get one ______ for free. We hope you will have a nice break time during your shopping. Thank you.

1 店内のアナウンスを聞いて，正しいものを選び，記号で答えなさい。

① 特別価格になるのは	ア ラビットチョコレート全品 イ ラビットチョコレートの４種類
② 割引率は （２つ選ぶ）	ア ３個以上購入で２割引 イ ５個以上購入で３割引 ウ ７個以上購入で３割引
③ 対象店舗は	ア ２つの都市の店舗のみ イ オンラインショップのみ ウ 全店舗

□①（　　）　□②（　　）（　　）　□③（　　）

2 店内のアナウンスを聞いて，次の問いに答えなさい。

(1) 正しいものを選び，記号で答えなさい。

① 野球観戦の招待人数	ア 300人　イ 500人　ウ 600人
② 応募方法	ア 2000円以上お買い上げで応募用紙をもらう。 イ 2000円以上お買い上げでウェブサイトから応募。
③ 当選発表	ア ８月５日　イ ８月15日　ウ ８月14日

□①（　　）　□②（　　）　□③（　　）

□(2) ポスターの場所はどこですか。店内の地図を見て，記号で答えなさい。

（　　）

解答 p.26

Stage Activity ③

教科書 118▶120

My Favorite Place in Our Town

重要文　自分の町のおすすめの場所の情報を伝える

This place is just beside City Hall. It is a cafe, and **it is visited by** a lot of people. **It has** nice parfaits. The mango parfaits are the best. They are very big, and the mangoes are sweet! You should try one.

この場所は市役所のすぐそばにあります。それはカフェで，多くの人々が訪れます。そこにはおいしいパフェがあります。マンゴーパフェがいちばんです。それらはとても大きくて，マンゴーが甘いです！　あなたは試してみるべきです。

自分の町のおすすめの場所について書くときは，それが何でどこにあるか，そこにあるよいものなどの，伝えたい情報をくわしく書く。

「この場所は…にある」　This place is just beside City Hall.
　　just beside City Hall：場所を表す語句

「…が訪れる」　It is visited by a lot of people.
　　a lot of people：どんな人が訪ねるのかなど

「そこには…がある」　It has nice parfaits.
　　nice parfaits：その場所にあるよいもの

「…で有名」　It is famous for the mango parfaits.
　　the mango parfaits：その場所の有名なもの
（そこはマンゴーパフェで有名です。）

「…して楽しめる」　You can enjoy eating good food.
　　eating：動詞のing形
（あなたはおいしいものを食べて楽しめます。）

Check!

この場所は駅の近くにあります。
(This) (place) (is) near the station.

その店は多くの学生が訪れています。
The shop (is) (visited) (by) a lot of students.

New Words

① …のそばに　(beside)　② マンゴー　(mango)
③ カフェ，喫茶店　(cafe)

❶ 日本語に合う英語になるように，＿＿＿に正しい語を入れなさい。

□(1) この場所は青葉公園のすぐそばにあります。
＿＿＿＿ ＿＿＿＿ ＿＿＿＿ just ＿＿＿＿
Aoba Park.

□(2) それは温泉で，たくさん人が訪れます。
It is a hot spring, and it ＿＿＿＿ ＿＿＿＿ by many people.

□(3) その店にはいろいろな種類のアイスクリームがあります。
The shop ＿＿＿＿ various kinds of ice cream.

Navi
それぞれ次の表現に注意して文を作る

(1)「場所」
→place
(2) 主語が「それ(温泉)」なので受け身の文にする。
(3)「…がある」
→have [has]

❷ 下の「スターライト遊園地」についての情報を見て，この場所を紹介する文を英語で書きなさい。

【調査結果】

(1) 場所	あさひ動物園のそば
(2) 情報	多くの子供が訪れる
(3) 有名なもの	観覧車
(4) とっておきの情報	土曜日の午前中はこんでいない

□(1) This place is ＿＿＿＿＿＿＿＿＿＿.

□(2) It is an amusement park, and it
＿＿＿＿＿＿＿＿＿＿＿＿＿＿.

□(3) It is ＿＿＿＿＿＿＿＿＿＿.

□(4) It is not ＿＿＿＿＿＿＿＿＿＿.

Point

・「…のそば」
→beside
・「～は…で有名だ」
→主語＋be動詞＋famous for ....
・「こみ合った」
→crowded

解答 p.27

Let's Read 3　教科書 122▸123

Pictures and Our Beautiful Planet

① 重要文　疑問詞＋to＋動詞の原形

「どのように…するか」のような言い方(復習)

He also learned **how to** live without city conveniences.
（彼はまた，都市の便利なものなしでどのように生活するかを学びました。）

疑問詞＋to＋動詞の原形の形は，名詞の働きをし，動詞の目的語になる。

He also learned how to live without city conveniences.
（how to live without city conveniences：learnの目的語）

疑問詞がwhatやwhichのときは**疑問詞＋名詞＋to＋動詞の原形**の形になる場合がある。

I didn't know which book to buy.
（which book to buy：knowの目的語）
（私はどちらの本を買うべきかわかりませんでした。）

疑問詞＋to＋動詞の原形の形を，askやshow，tellの目的語にして，主語＋**動詞**＋(人)＋**疑問詞＋to＋動詞の原形**の形で表すこともできる。

Can you show me when to use the product?
（me：「～に」　when to use the product：「いつ…すべきかを」）
（いつその製品を使うべきか私に示してくれませんか。）

Check!
彼は辞書を使わずにどのように英語で読むかを学びました。
He learned (how) (to) read English without dictionaries.

New Words

①	大学	(university)	②	…を招く	(invite)
③	…の中で	(among)	④	伝統	(tradition)
⑤	…を共有する	(share)	⑥	肉	(meat)
⑦	writeの過去形	(wrote)	⑧	understandの過去形	(understood)

❶ 日本語に合う英語になるように，_____に正しい語を入れなさい。

□(1) その村は荒野《こうや》の真ん中にありました。

The village was _____ _____ _____ _____ the wilderness.

□(2) 彼はその場所を自分で訪ねたいと思いました。

He wanted to visit that place _____ _____.

□(3) 彼の夢は実現しました。

His dream _____ _____.

Navi

それぞれ次の表現に注意して文を作る

(1)「中央[真ん中]」
→middle
(2)「彼自身」
→himself
(3)「本当の[真実の]」
→true

❷ 文章を読んで，あとの問いに答えなさい。

For one summer, Michio lived among the Inuit people in that Alaskan village. He learned about Inuit food, family life, and culture. He also learned how to live without city conveniences. The Inuit hunt for meat and gather berries for food. They have a long tradition of living harmoniously with nature. Michio understood ①something very important — all living things share this planet. That summer, ②he became a part of the Alaskan wilderness.

□(1) 下線部①はどのようなことを指していますか。日本語で書きなさい。

(　　　　　　　　　　　　　　　　　　　　　　　　　　)

□(2) 下線部②は，どういうことを表していますか。「イヌイット」と「調和」ということばを使って，日本語で説明しなさい。

(　　　　　　　　　　　　　　　　　　　　　　　　　　)

Point

(1) 直後の内容を参照。
(2) 本文5～6行めに着目。

教科書内容の確認

教科書122～123ページの本文の内容について，質問に英語で答えなさい。

□(1) What brought Michio to Alaska?

── A _____ in a _____ about Alaska.

□(2) What did Michio understand from the Inuit people's lives?

── He understood _____ all living things _____ this planet.

解答 p.27

Pictures and Our Beautiful Planet

② 重要文　受け身

「…されます」「…されています」という言い方(復習)

He **was killed by** a bear when he was camping alone.
(彼はひとりでキャンプをしているときにクマに殺されました。)

「…によって～されます」という受け身の文は，**be動詞＋過去分詞＋by …**の形で表す。

He was killed by a bear when he was camping alone.
be動詞＋過去分詞＋by　└「殺す」という動作をしたもの

※be動詞は，主語と時制に合わせて使い分ける。

動作をした人やものが重要ではないときや，はっきりしないときはby …はつけない。

The company was founded by my father in 2003.
└「設立する」という動作をした人も述べるとき
(その会社は2003年に私の父によって設立されました。)

The company was founded in 2003.
└ 「設立する」という動作をした人は重要としないとき
(その会社は2003年に設立されました。)

受け身の疑問文は**be動詞を主語の前に**出し，答えるときもbe動詞を使う。

Check!
このテレビゲームは，日本人によってつくり出されました。
This video game (was) (created) (by) a Japanese.

New Words

① 十分な	(enough)	② (しだいに)…になる	(grow)
③ 上がる	(rise)	④ ゆっくりと	(slowly)
⑤ あたたかい	(warm)	⑥ 地球	(Earth)

1 日本語に合う英語になるように，______に正しい語を入れなさい。

□(1) 氷は水に変わります。

Ice ______ ______ water.

□(2) 道夫の写真は美しい過去を私たちに思い出させます。

Michio's photographs ______ us ______ our beautiful past.

□(3) 私たちはこの美しさを未来の子供たちに伝えるために何ができるでしょうか。

What can we do to ______ ______ this beauty ______ future children?

Navi

それぞれ次の表現に注意して文を作る

(1)「…に変わる」
→turn into ...

(2)「…に～を思い出させる」
→remind ... of ～

(3)「…を～に伝える」
→pass on ... to ～

2 文章を読んで，あとの問いに答えなさい。

Michio shared his feelings of freedom and wonder in his photographs. He showed us playful polar bears, beautiful mountains, and other wonderful scenes. However, his life ended suddenly. He was killed by a bear when he was camping alone in Kamchatka in 1996. Michio once wrote, "We only have one life to live." Michio's life was short, but his pictures will live with us forever.

□(1) 下線部の意味を日本語で書きなさい。

(　　　　　　　　　　　　　　　　　　　　)

□(2) 本文の内容について，質問に英語で答えなさい。

What did Michio want to share through his photographs?

____

Point

(1) killedはkillの過去分詞

(2) 本文1～2文めを参照。

教科書内容の確認

教科書124～125ページの本文の内容について，質問に英語で答えなさい。

□(1) What did Michio have to do to take pictures of wild animals in Alaska?

―― ______ ______ in severe weather for a long time.

□(2) Do the Inuit still have the traditional way of life now?

―― ______, they ______.

解答 p.27

定期テスト 予想問題 教科書 p.4～20

定期テスト前に予想問題で実力を確かめよう！

Unit 0・1

時間 30分

/100

1 これからジョン(John)とアヤ(Aya)の対話を読みます。それを聞いて，下の質問に対する答えとして適切な絵をア，イ，ウ，エ，オの中から選んで，記号で答えなさい。

（2点×3）

□(1) ジョンはアヤに何をしようと提案しましたか。

□(2) アヤは明日の午前は何をする予定ですか。

□(3) ジョンは明日の午後は何をすることになりましたか。

ア

イ

ウ

エ

オ

(1)	
(2)	
(3)	

2 これからオサム(Osamu)が書いた英文を読みます。それを聞いて，下の質問に対する答えとして適切なものを，それぞれア，イ，ウの中から選んで，記号で答えなさい。

（2点×2）

□(1) ハリーは日曜日にオサムとよく何をしますか。

ア バスケットボールをする

イ 勉強する

ウ テレビゲームをする

□(2) ハリーは今度の日曜日にオサムにロンドンのどんな写真を見せますか。

ア 市街の写真

イ 新しくできた建物

ウ 人気のある場所

(1)		(2)	

3 (　　)に入る正しい語を選んで書きなさい。　(3点×4)

□(1) We are going to (swimming, swim) in the sea.

□(2) Will you see Eri? ── Yes, I (will, do).

□(3) I will cook omelet (for, to) you.

□(4) Let's call (she, her) Betty.

(1)	
(2)	
(3)	
(4)	

4 日本語に合う英語になるように，＿＿に正しい語を入れなさい。　(3点×4　完全解答)

□(1) あなたのところに滞在してもいいですか。

Can I ＿＿ ＿＿ you?

□(2) 私はあなたを案内するつもりです。

I'm going to ＿＿ you ＿＿.

□(3) 待ち遠しいです。

I ＿＿ ＿＿.

□(4) この船の重さはおよそ11,000トンです。

This ship ＿＿ about 11,000 ＿＿.

(1)			(2)		
(3)			(4)		

5 次の英文を(　　)内の指示にしたがって書きかえるとき，＿＿に入る最も適切な語を書きなさい。　(4点×2　完全解答)

□(1) I got this bag from my mother.　(ほぼ同じ意味の文に)

My mother ＿＿ ＿＿ this bag.

□(2) We call the river *Bando-Taro*.　(下線部が答えの中心になる疑問文に)

＿＿ do you ＿＿ the river?

(1)			(2)		

解答 p.28

6 日本語に合う英語になるように，語を正しく並べかえなさい。 （4点×3）

□(1) 私たちは海外に行くつもりです。

going / abroad / are / go / to / we / .

□(2) 今日はとても暑くなるでしょう。

will / today / it / very / be / hot / .

□(3) 私たちに日本語を教えてくれますか。

us / teach / you / English / can / ?

(1)	
(2)	
(3)	

7 客とホテルのフロント係の対話文を読んで，あとの問いに答えなさい。 （5点×3）

Guest : Excuse me. I have a problem with my room.
Clerk : Oh. What's the problem?
Guest : The air conditioner doesn't work. Can you check it, please?
Clerk : Certainly, we'll check it right away. I apologize for the trouble.
Guest : Thank you.

□(1) 客はどのような苦情を言っていますか。具体的に日本語で書きなさい。
□(2) 客の苦情に対して，フロント係はどのように対応すると言っていますか。日本語で書きなさい。
□(3) 下線部の意味を日本語で書きなさい。

(1)	
(2)	
(3)	

8 朝美《あさみ》からメグへのEメールを読んで，あとの問いに答えなさい。 （5点×5）

> Hi, Meg.
>
> Today we visited Merlion Park and rode the Ferris wheel. People call it the Singapore Flyer. It took us up to 165 meters. It was scary, but fun.
>
> We went shopping, too. I found four different languages on Singapore money —— Malay, Chinese, Tamil, and English. People in Singapore speak different languages. My uncle speaks Tamil and English, so I can communicate with him.
>
> Overseas trips are very interesting. We can experience different languages and cultures.
>
> Asami

□問1　下線部の意味をitが何を指しているか具体的に示して日本語で書きなさい。

問2　本文の内容について，質問に英語で答えなさい。

□(1) How was the Singapore Flyer to Asami?

□(2) Do people in Singapore use some languages?

□問3　本文の内容と合うものを２つ選び，記号で答えなさい。

ア　今日，朝美はマーライオン公園へ行き，観覧車に乗り，買い物をしました。

イ　シンガポールのお金には日本語も書かれています。

ウ　朝美とおじさんは日本語で意思の疎通をすることができます。

エ　朝美は異なる言語や文化を経験することを興味深いと思っています。

問1			
問2	(1)		
	(2)		
問3			

9 カレーライスを食べることに決めていると言うとき，どのように英語で表しますか。7語以上の英文を書きなさい。 （6点）

□

解答 p.28

Unit 2

時間 30分

/100

1 これから⑴から⑶まで3つの対話を読みます。それを聞いて，下の文が対話の内容と合う文になるように，（　　）に入るものを，それぞれア，イ，ウの中から選んで，記号で答えなさい。（2点×3）

□⑴ If it is rainy tomorrow, Ken will (　　　　).
ア go to Daiki's house to play video games
イ stay at home and play video games with Daiki
ウ will go shopping with Sally

□⑵ If it doesn't rain this Sunday, Satoru will (　　　　).
ア go to an amusement park
イ go swimming in the river
ウ go fishing by the river

□⑶ Miho studies English hard, because she wants to (　　　　).
ア work in the U.S. in the future
イ travel to many countries
ウ be an English teacher

⑴		⑵		⑶	

2 これから⑴と⑵の２つの対話を読みます。それを聞いて，どの場面の対話かを，それぞれア，イ，ウ，エの中から選んで，記号で答えなさい。（2点×2）

ア

イ

ウ

エ

□	⑴	
□	⑵	

3 (　　)に入る正しい語句を選んで書きなさい。 (3点×4)

□(1) It was cold (if, when) I went to Okinawa.

□(2) I practice soccer hard (because, when) I'm going to join the big game next Sunday.

□(3) (If, because) you are hungry, you can have some fruit here.

□(4) If you (will go, go) out tomorrow, please take your umbrella.

(1)	
(2)	
(3)	
(4)	

4 日本語に合う英語になるように，＿＿に正しい語を入れなさい。 (3点×4　完全解答)

□(1) 私たちはその問題について今までに一度も聞きませんでした。
We never ＿＿＿ ＿＿＿ the problem.

□(2) ねえ，私たちの家のそばに広い公園がありますよね。
＿＿＿ ＿＿＿, there is a large park near our house.

□(3) ここに多くの種類の花があります。
Here are many ＿＿＿ ＿＿＿ flowers.

□(4) この野菜はどこからきたのですか。
Where did this vegetable ＿＿＿ ＿＿＿?

(1)			(2)		
(3)			(4)		

5 2文の意味に合う1文になるように，＿＿に正しい語を入れなさい。
(4点×2　完全解答)

□(1) We are going to have a new coach. Do you know about that?
→Do you ＿＿＿ ＿＿＿ we are going to have a new coach?

□(2) Riku will visit us tomorrow. We will give him this T-shirt then.
→We will give Riku this T-shirt ＿＿＿ he ＿＿＿ us tomorrow.

(1)			(2)		

解答 p.29

6 日本語に合う英語になるように，語句を正しく並べかえなさい。 （4点×3）

□(1) もしその店に多くの種類のかばんがあるなら，私は行きたいです。
the shop / want / go / many / I / if / bags / to / of / has / kinds / , / .

□(2) ケンは忙しかったので，私たちは彼と話しませんでした。
Ken / didn't / was / talk with / he / because / busy / we / .

□(3) 私は，ナツミが歴史に興味があると思いません。
Natsumi / interested / don't / history / is / I / in / think / .

(1)	
(2)	
(3)	

7 対話文を読んで，あとの問いに答えなさい。 （5点×3）

Asami : Excuse me. May I ask you a favor?
Woman : Sure.
Asami : Could you take our picture?
Woman : All right. ①Say cheese!
Asami : ②Could you take another one, please?
Woman : OK. No problem.

□(1) 朝美《あさみ》は女の人にどのようなお願いをしましたか。日本語で書きなさい。

□(2) 女性はなぜ，下線部①のようにSay cheese! と朝美に言ったのですか。それを説明した日本語を完成しなさい。 （完全解答）

英語で（　　　）と発音すると，（　　　）ような表情に見えるから。

□(3) 下線部②の意味をoneが何を指しているか具体的に示して日本語で書きなさい。

(1)		
(2)		
(3)		

8 文章を読んで，あとの問いに答えなさい。 (5点×5)

"Curry and rice" is one blend of different food cultures. Here are some others.

Spaghetti comes from Italy, but a Japanese chef created "spaghetti *Napolitan*" in Japan. He made it with a special tomato sauce and named the dish "*Napolitan*" after Naples in Italy.

California rolls come from the U.S. For many years, sushi wasn't popular in the U.S. because people there didn't usually eat raw fish. So some Japanese chefs used avocado. Also, they wrapped the rice on the outside because many people didn't like seaweed.

Food travels around the world, and changes in each place. It's very interesting.

□問1 下線部の意味をothersが何を指しているか具体的に示して日本語で書きなさい。

問2 スパゲッティとすしは，それぞれどのように変わりましたか。それを説明した日本語を完成しなさい。 (完全解答)

□(1) スパゲッティ：日本では，(　　　　)を使ったスパゲッティに，(　　　　)の都市にちなんだ名前がつけられて，「スパゲッティナポリタン」ができた。

□(2) すし：アメリカでは，魚の代わりに(　　　　)を使い，(　　　　)を巻きつける「カリフォルニアロール」ができた。

問3 本文の内容について，質問に英語で答えなさい。

□(1) Why did Japanese chefs in the U.S. use avocado for sushi?

□(2) Was seaweed popular in the U.S.?

問1			
問2	(1)		
	(2)		
問3	(1)		
	(2)		

9 時間があるときに折り返し電話をしてほしいとていねいに頼むとき，どのように英語で表しますか。7語以上の英文を書きなさい。 (6点)

□

解答 p.29

定期テスト前に予想問題で実力を確かめよう！

Unit 3

時間 30分

/100

1 これから(1)から(3)までの３つの対話を読みます。それを聞いて，対話の内容に合っている絵をア，イ，ウ，エ，オ，カの中から選んで，記号で答えなさい。（２点×３）

ア

イ

ウ

エ

オ

カ

□(1)		□(2)		□(3)	

2 これから(1)と(2)の２つの英文を読みます。それを聞いて，下の質問に対する答えとして適切なものをそれぞれア，イ，ウ，エの中から選んで，記号で答えなさい。（２点×２）

□(1) Why did Kenji buy an English comic book?

ア To show it to Jack.

イ To study English.

ウ To do his homework.

エ To give it to his sister.

□(2) What does Kate want?

ア She wants time to practice.

イ She wants time to take a rest.

ウ She wants some good advice to win the game.

エ She wants some friends to play tennis with.

(1)		(2)	

3 各文の下線部の意味を日本語で書きなさい。 （3点×4）

□(1) Tim often uses this dictionary to translate Chinese.

□(2) We were excited to learn new things.

□(3) Do you have time to help Sally?

□(4) We don't have anything to drink.

(1)		(2)	
(3)		(4)	

4 日本語に合う英語になるように，______に正しい語を入れなさい。

（3点×4 完全解答）

□(1) 私たちは彼に理由を説明するべきです。

We ______ ______ the reason to him.

□(2) もしかすると，そこであなたはいくつかのアドバイスをもらえるかもしれません。

______ you can get some ______ there.

□(3) それはいつか，あなたのよい思い出になることがあり得ます。

It ______ ______ your good memory someday.

□(4) 人工知能の時代に，私たちの生活に何が起こるのでしょうか。

What will happen to our ______ in the ______ of AI?

(1)			(2)		
(3)			(4)		

5 ほぼ同じ意味の文になるように，______に正しい語を入れなさい。

（4点×2 完全解答）

□(1) I'm happy because I can join the event today.

→I'm ______ ______ ______ the event today.

□(2) To become a bridge between people is not easy.

→ ______ is ______ ______ become a bridge between people.

(1)			
(2)			

解答 p.30

6 日本語に合う英語になるように，語句を正しく並べかえなさい。 （4点×3）

□(1) あなたは長い間歩いて疲れましたか。
tired / for / time / you / long / walk / to / a / were / ?

□(2) 私は熱心に学び続ける強さがほしいです。
want / hard / to / I / to / study / strength / continue / .

□(3) ほかの人の気持ちを理解することが必要です。
understand / necessary / feelings / to / other people's / it's / .

(1)	
(2)	
(3)	

7 対話文を読んで，あとの問いに答えなさい。 （5点×3）

Meg : Look. Here's an article about our future jobs.
Asami : What does it say?
Meg : It says some jobs will disappear in the future.
Asami : Really? How about translators, my dream job?
Meg : Let's see .... Oh, I'm surprised to see this. According to this article, AI will take some translation jobs away.
Asami : I'm sorry to hear that.

□問1 下線部の意味をthatが何を指しているか具体的に示して日本語で書きなさい。
問2 本文の内容について，質問に英語で答えなさい。
□(1) What did Meg show to Asami?
□(2) Does Asami have a dream to become a translator?

問1		
問2	(1)	
	(2)	

8 朝美《あさみ》の職業体験についてのレポートを読んで，あとの問いに答えなさい。　（5点×5）

I asked, "If AI can translate foreign languages, why do we need to study English?"

Ms. Tanaka explained. AI translates sentences quickly, but it sometimes misses important things. It may also misunderstand the meaning. Moreover, it is not good at understanding a writer's feelings. It is important to catch these things. A careful check by humans is necessary.

Ms. Tanaka said, "It's important to use AI effectively. People use languages to build relationships. Languages can connect us to different cultures. AI can help us a lot, but it can't do everything."

Now I found my reason to study English. I want to be a bridge between people through languages.

□(1) 人工知能が翻訳した文章を，人間はどのような点に気をつけて検査する必要がありますか。日本語で３つ答えなさい。

□(2) 朝美にとっての英語を学ぶ理由は何ですか。日本語で答えなさい。

□(3) 本文の内容について，質問に英語で答えなさい。

What can languages do for us?

(1)	
(2)	
(3)	

9 相手に会えてうれしいと言うとき，どのように英語で表しますか。５語以上の英文を書きなさい。　（6点）

□

解答 p.30～31

定期テスト前に予想問題で実力を確かめよう！

Let's Read 1

時間 15分　　　/100

1　(　　)に入る正しい語句を選んで書きなさい。　(5点×4)

□(1) I was in the library (if, when) you called me.

□(2) When did Meg begin (studied, to study) Chinese?

□(3) It isn't so difficult (playing, to play) the guitar.

□(4) We are happy (to meet, meeting) you.

(1)	
(2)	
(3)	
(4)	

2　日本語に合う英語になるように，_____に正しい語を入れなさい。　(6点×4　完全解答)

□(1) 私のクラスの何人かの生徒は自転車で学校に来ます。

_______ _______ the students in my class come to school by bike.

□(2) あなたは夜にひとりで外出してはいけません。

You must not go out alone _______ _______.

□(3) 私の英語のスキルは少しずつ向上しました。

My English skills improved _______ _______ _______.

□(4) 例えば，エジプトの人々は時間を読むために太陽を使いました。

_______ _______, Egyptians used the sun to read the time.

(1)				(2)		
(3)				(4)		

3　英語の意味を日本語で書きなさい。　(8点×2)

□(1) When I saw the woman, she was carrying a large bag.

□(2) People used weights or springs to power the clocks.

(1)	
(2)	

4 文章を読んで，あとの問いに答えなさい。 （8点×4）

> Today, we have clocks and watches everywhere. ①This is the result of many great inventions and many people's efforts. Even now, clocks and watches are improving.
>
> We cannot really see time, but ancient people tried to recognize it. They used different ideas and technologies to measure it. When we look at our clocks and watches, we can easily see the time. ②Now it is time to recognize the wisdom of those ancient people.

□(1) 下線部①のthisが何を指しているか具体的に日本語で書きなさい。

□(2) 下線部②の意味を，日本語で書きなさい。

□(3) 本文の内容と合うものを２つ選び，記号で答えなさい。

ア Clocks and watches will not improve in the future.
イ Ancient people could recognize time because they tried hard.
ウ Ancient people didn't have various ways to measure the time.
エ It is easy to see the time by clocks and watches now.

(1)		
(2)		
(3)		

5 自分は今日，何もすることがないと言うとき，どのように英語で表しますか。６語以上の英文を書きなさい。 （8点）

□

解答 p.32

定期テスト 予想問題 教科書 p.57～70

定期テスト前に予想問題で実力を確かめよう！

Unit 4

時間 30分 /100

1 これから(1)と(2)の２つの対話を読みます。それを聞いて，下の英語の質問に対する答えを，それぞれア，イ，ウの中から選んで，記号で答えなさい。 （２点×２）

□(1) What does Kenta have to do now?

ア He has to ride his bike to the beach.

イ He has to work with his father.

ウ He has to wash his father's car.

□(2) What will Emily do after going shopping?

ア She will go to Takuya's house.

イ She will do her homework.

ウ She will cook curry and rice.

(1)		(2)	

2 これからひとみ(Hitomi)が書いた英文を読みます。それを聞いて，今日ひとみがしなければならないことをア，イ，ウ，エ，オの絵の中から３つ選んで，記号で答えなさい。 （２点×３）

ア

イ

ウ

エ

オ

□

3 (　　)内の語を正しい1語の形にかえて書きなさい。 (3点×4)

□(1) I (have) to go to the hospital yesterday.

□(2) Yuka will finish (use) the computer soon.

□(3) (Save) water is important.

□(4) Can you help me after (do) your homework?

(1)	
(2)	
(3)	
(4)	

4 日本語に合う英語になるように，_____に正しい語を入れなさい。

(3点×4　完全解答)

□(1) エリはその本を買う必要はありません。

Eri ______ ______ ______ buy the book.

□(2) 私は昨日，彼を車で迎えに行くことができませんでした。

I couldn't ______ him ______ yesterday.

□(3) あなたは練習をし過ぎるべきではありません。

You should not practice ______ ______.

□(4) サリーもトムも両方私の友だちです。

______ Sally ______ Tom are my friends.

(1)				(2)		
(3)				(4)		

5 ほぼ同じ意味の文になるように，_____に正しい語を入れなさい。

(4点×2　完全解答)

□(1) We have to be kind to elderly people.

→We ______ ______ kind to elderly people.

□(2) Do not speak Japanese here.

→You ______ ______ speak Japanese here.

(1)			(2)		

解答 p.32

6 日本語に合う英語になるように，語句を正しく並べかえなさい。 （4点×3）

□(1) 留学することは私の夢です。

my / abroad / dream / is / studying / .

□(2) 私たちはその部屋では静かにしなければなりませんか。

to / we / in / quiet / have / the room / be / do / ?

□(3) 私はその本をそんなに短い時間で読み終えることはできません。

finish / in / I / a / the book / time / such / can't / short / reading / .

(1)	
(2)	
(3)	

7 対話文を読んで，あとの問いに答えなさい。 （5点×3）

Kaito :	Are there any house rules?
Mrs. Wilson :	Yes. You must come home by six.
Kaito :	Six o'clock? Isn't that a little early?
Mrs. Wilson :	Well, we have dinner at six.
Kaito:	I see.
Mrs. Wilson :	And if you have a special plan later in the evening, you must not go out alone.
Kaito :	Oh, ... Isn't it safe in the evening?
Mrs. Wilson :	No, not for young boys and girls.

□(1) ウィルソンさんの家のルールを２つ，日本語で書きなさい。

□(2) 下線部の１文で，省略されている語を，______に入れなさい。 (完全解答)

No, _______ _______ not _______ for young boys and girls.

(1)			
(2)			

8 海斗《かいと》の体験を読んで，あとの問いに答えなさい。　（5点×5）

> My host family was an elderly couple, Mr. and Mrs. Wilson. They didn't watch TV or have video games. I got bored at night because I had nothing to do. One day, I asked Mrs. Wilson, "Why don't we play a card game or something?" Then, she taught me a word game. It's one of her hobbies. We enjoyed playing games together after dinner. Learning new words was fun.
>
> After all, staying with a host family was a great experience. Sometimes we couldn't understand each other. However, I kept trying to speak in English, and they listened to me carefully. Both Mr. and Mrs. Wilson were very kind. I want to visit them again in the near future.

□(1) 本文の内容と合うように，＿＿に正しい語を入れなさい。　（完全解答）

Kaito stayed with Mr. and Mrs. Wilson. First, Kaito didn't ① ＿＿ ＿＿ to do at night, so he got bored. However, Mrs. Wilson taught Kaito a word game. Kaito thought it was fun ② ＿＿ ＿＿ new words.

□(2) 下線部の１文の意味を日本語で書きなさい。

□(3) 海斗とウィルソン夫妻はお互いを理解するために，どのようなことをしましたか。日本語で書きなさい。

(1)	①		
	②		
(2)			
(3)	海斗		
	ウィルソン夫妻		

9 美術館内では写真撮影禁止であることを伝えるとき，どのように英語で表しますか。6語以上の英文を書きなさい。　（6点）

□

解答 p.32

Unit 5

時間 30分　/100

1 これから(1)から(3)までの３つの対話を読みます。それを聞いて，対話の内容に合っている絵を，それぞれア，イ，ウの中から選んで，記号で答えなさい。（２点×３）

□(1)
ア

イ

ウ

□(2)
ア

イ

ウ

□(3)
ア

イ

ウ

(1)	
(2)	
(3)	

2 これから(1)と(2)の２つの英文を読みます。それを聞いて，下の文がその英文の内容と合う文になるように，(　　)に入るものをそれぞれア，イ，ウの中から選んで，記号で答えなさい。（２点×２）

□(1) Rika told a man (　　　)
ア　which museum to visit in her city.
イ　what to do during his stay in Japan.
ウ　how to get to the museum.

□(2) Meg is sure that (　　　)
ア　her father will give her a present.
イ　her father wants a green T-shirt.
ウ　her father will buy some T-shirts.

(1)	
(2)	

3 （　　）に入る正しい語を選んで書きなさい。　（3点×4）

□(1) You can come (or, and) learn here.

□(2) Do you know when (to visit, visiting) Yuka?

□(3) Tell me (where, which) event to join.

□(4) We should help (a, the) poor.

(1)	
(2)	
(3)	
(4)	

4 日本語に合う英語になるように，_____に正しい語を入れなさい。　（3点×4　完全解答）

□(1) こちらでは製品に触ることができます。

You can touch the products _______ _______.

□(2) 点字のおかげで，目の不自由な人々も読書を楽しむことができます。

_______ _______ the braille, blind people can enjoy reading books.

□(3) そのペットボトルはユニバーサルデザインの製品の１つです。

The _______ _______ is one of universal design products.

□(4) そのチケットを買うには３つの方法があります。

There are three _______ _______ buy the ticket.

(1)			(2)		
(3)			(4)		

5 英語の意味を日本語で書きなさい。　（4点×2）

□(1) The man showed me which way to go.

□(2) It is important to know that some children around us need help.

(1)	
(2)	

解答 p.34

6　日本語に合う英語になるように，語句を正しく並べかえなさい。　（4点×3）

□(1)　あなたは自分のかばんをどこに置けばよいか知っていますか。
you / where / put / do / know / your bag / to / ?

□(2)　あなたがその行事に参加できなくて残念です。
can't / the event / you / sorry / join / that / I'm / .

□(3)　彼女は私にいつ買い物に行くべきかを教えてくれませんでした。
didn't / me / she / go / to / tell / when / shopping / .

(1)	
(2)	
(3)	

7　対話文を読んで，あとの問いに答えなさい。　（5点×3）

You : Excuse me. Could you tell me how to get to Ruffles Place Station?
Woman : Sure. Take the Downtown Line to Bugis, and change trains there.
You : I see. Which line should I take from Bugis?
Woman : Take the East West Line. Raffles Place Station is two stops from Bugis.
You : Thank you very much.
Woman : My pleasure.

□(1)　下線部を日本語にしなさい。
□(2)　女性が答えてくれた内容をまとめた日本語を完成させなさい。
まず，ブギスまで①（　　　），そこで②（　　　）。ブギスから２つめが目的地の駅。

(1)				
(2)	①		②	

8 文章を読んで，あとの問いに答えなさい。（5点×5）

Ronald Mace, an American professor, is the father of universal design. He was in a wheelchair from childhood, and often had a difficult time. So he looked for ways to make a better society for disabled people.

In the 1970s, people started to remove barriers for disabled people, but Ronald had a different idea. He wanted to remove barriers for everyone. He thought that we often become disabled as we get old. ①It is important to know that there are different people in our society. In the 1980s, he founded the Center for Universal Design, and spread his idea to the world.

Now many people think that it is a great idea. We can all do something to help others. Do you have any ②ideas?

□(1) ロナルドはどのような考えを持っていましたか。また，彼がそのように考えたのはなぜですか。それぞれ日本語で答えなさい。

□(2) 下線部①の英語を日本語にしなさい。

□(3) 下線部②のideasとはどのようなことに対するアイディアですか。日本語で答えなさい。

□(4) 本文の内容について，質問に英語で答えなさい。

Why did Ronald found the Center for Universal Design?

(1)	考え	
	理由	
(2)		
(3)		
(4)		

9 次に何をするべきか教えてもらいたいとき，どのように英語で表しますか。7語以上の英文を書きなさい。（6点）

□

解答 p.34

定期テスト 予想問題 教科書 p.83～99

定期テスト前に予想問題で実力を確かめよう！

Unit 6

時間 30分

/100

1 これから(1)と(2)の２つの英文を読みます。それを聞いて，英文の内容と合っている絵を，それぞれア，イ，ウの中から選んで，記号で答えなさい。（２点×２）

□(1) ア

イ

ウ

□(2) ア

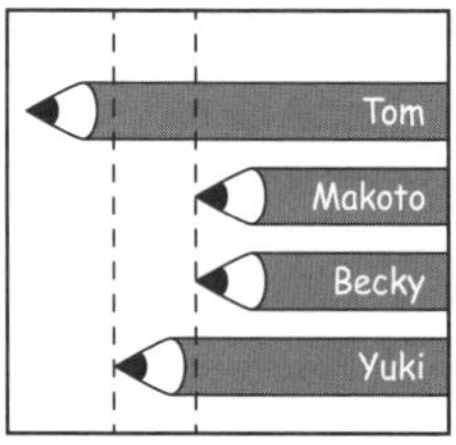

イ

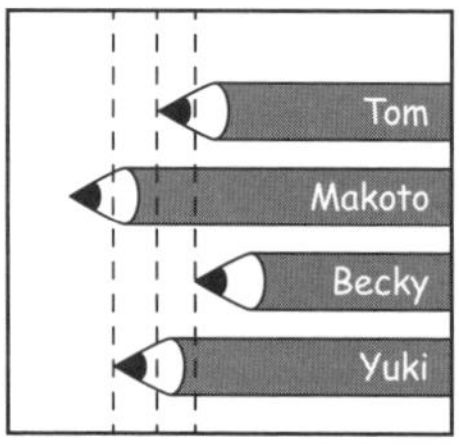

ウ

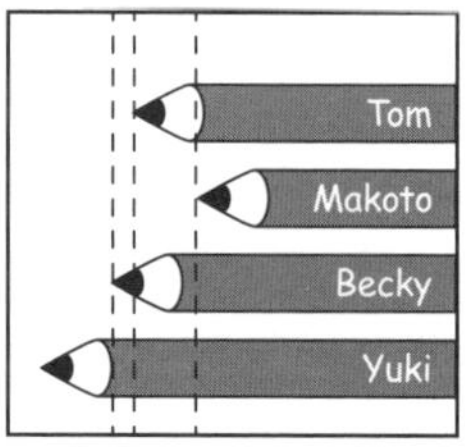

(1)		(2)	

2 これから(1)から(3)まで３つの対話を読みます。それを聞いて，対話の内容に合っているものを，それぞれア，イ，ウの中から選んで，記号で答えなさい。（２点×３）

□(1) ア John is not so good at playing basketball.
イ John can play basketball better than Harry.
ウ Jim can play basketball the best in his team.

□(2) ア Kenji thinks tennis is more popular than baseball.
イ Kenji thinks baseball is as popular as soccer.
ウ Kenji thinks soccer is the most popular of all sports.

□(3) ア The clerk showed Jeff a red T-shirt.
イ Jeff tried on a T-shirt, but it was too small for him.
ウ Jeff tried on a T-shirt, but it was too big for him.

(1)		(2)		(3)	

3 (　　) 内の語を正しい形にかえて書きなさい。１語とは限りません。また，かえる必要がなければ，そのまま書きなさい。(３点×４)

□(1) My brother is the (tall) in my family.

□(2) I was (tired) than Emi.

□(3) Riku speaks English (well) in our English club.

□(4) Ken's advice is as (useful) as Tom's.

(1)	
(2)	
(3)	
(4)	

4 日本語に合う英語になるように，_____に正しい語を入れなさい。(３点×４　完全解答)

□(1) これらの問題について言えば，そのいくつかは日本でも見つけることができます。

_______ _______ these problems, we can find some of them in Japan.

□(2) 私はすしや刺身のような日本料理が好きです。

I like Japanese food, _______ _______ sushi or *sashimi*.

□(3) 彼は50冊を超えるマンガ本を持っています。

He has _______ _______ 50 comic books.

□(4) あなたは何色がいちばん好きですか。

What color do you _______ _______ _______?

(1)			(2)			
(3)			(4)			

5 ほぼ同じ意味の文になるように，_____に正しい語を入れなさい。(４点×２　完全解答)

□(1) Yuka is younger than Natsumi.

→Natsumi is _______ _______ Yuka.

□(2) Writing English is more difficult than speaking it.

→Writing English is not _______ _______ _______ speaking it.

(1)			
(2)			

解答 p.35

6 日本語に合う英語になるように，語句を正しく並べかえなさい。 （4点×3）

□(1) お金と時間のどちらの方が大切ですか。

or / is / time / which / money / important / more / , / ?

□(2) トムはケンタよりも熱心にテニスを練習しました。

harder / Tom / Kenta / than / practiced / tennis / .

□(3) 一部のクジラはイルカと同じくらいの速さで泳ぐことができます。

as / as / dolphins / can / fast / swim / some whales / .

(1)	
(2)	
(3)	

7 対話文を読んで，あとの問いに答えなさい。 （5点×3）

Clerk : Hello. May I help you?
Customer : Yes, please. I'm looking for a sweater.
Clerk : How about this one?
Customer : That looks nice. How much is it?
Clerk : It's fifty dollars.
Customer : OK. I'll take it.

□問1 下線部を日本語にしなさい。

問2 本文の内容について，質問に英語で答えなさい。

□(1) What does the customer think about the sweater?

□(2) Will the customer buy the sweater?

問1		
問2	(1)	
	(2)	

8 ジョシュの発表に対する海斗《かいと》のフィードバックシートを読んで，あとの問いに答えなさい。

（5点×5）

COMMENTS

Your topic was good. I like action movies the best. In our class, they are the second most popular kind of movies, and they are as popular as science fiction movies. I am glad to know ①that. Now ②I feel like talking about my favorite movies with our classmates.

You spoke clearly. Also, you used graphs to show your data. I could easily understand the results of your research.

ADVICE

Your slides were good, but some of the letters were too small. I sit in the front row, but I could not see them well. Please use larger letters next time.

□(1) 下線部①thatはどのようなことを指していますか。日本語で書きなさい。

□(2) 下線部②を日本語にしなさい。

□(3) 海斗がジョシュの発表がわかりやすかったのはなぜですか。その理由を２つ日本語で書きなさい。

□(4) 本文の内容について，質問に英語で答えなさい。

What should Josh do to make a better presentation?

(1)	
(2)	
(3)	
(4)	

9 自分がいちばん好きな色を言うとき，どのように英語で表しますか。７語以上の英文を書きなさい。

（6点）

□

解答 p.35

定期テスト 予想問題 教科書 p.100 ～ 104

定期テスト前に予想問題で実力を確かめよう！

Let's Read 2

時間 15分　　/100

1 (　　)内の語を正しい形にかえて書きなさい。１語とは限りません。 (５点×４)

□(1) Did you finish (make) a presentation?

□(2) He left home without (say) anything.

□(3) Playing tennis is (exciting) than watching it.

□(4) I can speak English (well) than before.

(1)	
(2)	
(3)	
(4)	

2 日本語に合う英語になるように，______に正しい語を入れなさい。 (６点×４　完全解答)

□(1) 彼は数枚の硬貨しか持っていませんでした。

He had only ______ ______ coins.

□(2) その男の子は今にも立ち去ろうとしていました。

The boy ______ ______ ______ leave.

□(3) 彼女は彼にコップ一杯の牛乳を持ってきました。

She brought him ______ ______ ______ milk.

□(4) 私が目を覚ましたとき，お母さんは朝食を作っていました。

When I ______ ______ , my mother was cooking breakfast.

(1)				(2)			
(3)				(4)			

3 英語の意味を日本語で書きなさい。 (８点×２)

□(1) You have to knock the door before coming in the room.

□(2) Tom can run much faster than other students.

(1)	
(2)	

4 文章を読んで，あとの問いに答えなさい。 （8点×4）

When he finished drinking the milk, the boy felt much better. He took the coins out of his pocket, and said, "Thank you for the milk." The woman replied, "You don't need to pay. We don't need money for kindness." Before he left, she said, "Be strong, young man, and you'll have a great future." Thanks to her kindness, the boy felt stronger than before, and walked away with a smile.

After that day, the woman sometimes wondered about the boy. She hoped he was doing well.

□(1) 女の人が男の子からお金を受け取らなかったのはなぜですか。日本語で書きなさい。

□(2) 下線部を日本語にしなさい。

□(3) 本文の内容について，質問に英語で答えなさい。

Did the woman forget about the boy after meeting him?

□(4) 本文の内容と合うものを１つ選び，記号で答えなさい。

ア The boy felt much better because he had some food.

イ The boy didn't have any money for the milk.

ウ The woman's job was selling milk.

エ The boy was happy when he left the woman's house.

(1)	
(2)	
(3)	
(4)	

5 相手に英語と数学のどちらの方が好きかたずねるとき，どのように英語で表しますか。８語以上の英文を書きなさい。 （8点）

□

解答 p.36

Unit 7

時間 30分　　/100

1 これから(1)と(2)の２つの英文を読みます。それを聞いて，英文の内容に合っている絵を，それぞれア，イ，ウの中から選んで，記号で答えなさい。　（２点×２）

□(1) ア

イ

ウ

□(2) ア

イ
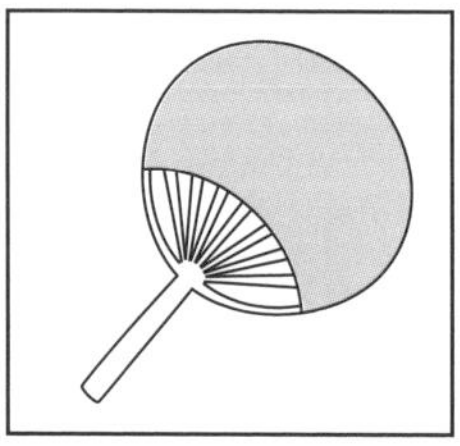
ウ

(1)		(2)	

2 これから(1)と(2)の２つの対話を読みます。それを聞いて，対話の内容に合っている絵を，それぞれア，イ，ウの中から選んで，記号で答えなさい。　（２点×２）

□(1) ア

イ

ウ

□(2) ア

イ

ウ

(1)		(2)	

定期テスト予想問題

3 (　　)内の語を正しい形にかえて書きなさい。ただし，かえる必要がない場合もある。

（3点×4）

□(1) This handrail is (touch) by many people.

□(2) These pictures were (take) in Hokkaido.

□(3) The car (be) washed yesterday.

□(4) This bag will (be) selected as a present for Ken.

(1)	
(2)	
(3)	
(4)	

4 日本語に合う英語になるように，______に正しい語を入れなさい。　（3点×4　完全解答）

□(1) その美しい花は日本中にあります。

We can find the beautiful flower ______ ______ Japan.

□(2) トムは悪天候のせいで家にいなくてはなりません。

Tom has to stay home ______ ______ the bad weather.

□(3) その家は私たちのために建てられたのではありません。

The house was ______ ______ for us.

□(4) 午前中は列車がこんでいます。

The trains ______ ______ in the morning.

(1)			(2)		
(3)			(4)		

5 ほぼ同じ意味の文になるように，______に正しい語を入れなさい。　（5点×2　完全解答）

□(1) The tourists asked me about our city.

→I ______ ______ about our city ______ the tourists.

□(2) We can find the universal design goods in this shop.

→The universal design goods ______ ______ ______ in this shop.

(1)			
(2)			

解答 p.36～37

6 日本語に合う英語になるように，語句を正しく並べかえなさい。 （4点×3）

□(1) なぜそのテーブルは台所へ動かされたのですか。

the table / to / why / moved / the kitchen / was / ?

□(2) そのリンゴは私の子供たちによってもがれました。

were / by / the apples / my children / picked / .

□(3) ここから花火が見えるかもしれません。

from / be / may / here / the fireworks / seen / .

(1)	
(2)	
(3)	

7 メグが海斗《かいと》に電話をかけています。対話文を読んで，あとの問いに答えなさい。（5点×3）

Kaito : Hello?

Meg : Hi, Kaito. This is Meg.

Kaito : Oh! Hi, Meg. What's up?

Meg : ①The Midori Music Festival will be held this weekend. I want to go on Saturday. Do you want to go with me?

Kaito : ②I'd like to, but I can't. I have to go to the dentist.

Meg : Oh. That's too bad.

□(1) 下線部①の英語の意味を日本語で書きなさい。

□(2) 下線部②のあとに省略されている英語は何ですか。英語3語で答えなさい。 （完全解答）

□(3) 本文の内容について，質問に英語で答えなさい。

What is Kaito going to do next Saturday?

(1)			
(2)			
(3)			

8 メグが学校のウェブサイトに載せた文章を読んで，あとの問いに答えなさい。（5点×5）

Mt. Fuji is a World Heritage site. Its beautiful natural shape is known worldwide, but it is listed for its cultural heritage.

①Why? It has a beautiful shape, but there are other mountains with similar shapes. Also, nature is not well preserved in the area. ②That is a serious problem.

So, why is Mt. Fuji listed for its cultural heritage? For one thing, Japanese people think the mountain is sacred. For another, the mountain gives people inspiration. Mt. Fuji in ukiyo-e prints is a good example. It even influenced overseas artists.

Mt. Fuji can be seen from different angles. Different people see it in different ways. ③Come and see it yourself someday. We hope it will be enjoyed by people forever.

□(1) 下線部①のwhyのあとに省略されている英語は何ですか。記号で答えなさい。

ア isn't Mt. Fuji selected as a World Heritage site?

イ isn't Mt. Fuji listed for its natural heritage?

ウ isn't Mt. Fuji listed for its cultural heritage?

□(2) 下線部②を，thatが何を指しているか明らかにして，日本語にしなさい。

□(3) メグが下線部③のように述べたのはなぜですか。理由を説明した日本語を完成しなさい。

富士山は，見る(　　　)や(　　　)によって，いろいろな様子に見えるから。

□(4) 本文の内容と合うものを１つ選び，記号で答えなさい。

ア The shape of Mt. Fuji is unique and it can't be seen a lot in the world.

イ Mt. Fuji is the sacred place because it has beautiful nature.

ウ Both Japanese and overseas artists were influenced by Mt. Fuji.

(1)				
(2)				
(3)			(4)	

9 自分のコンピュータは日本製だと言うとき，どのように英語で表しますか。６語以上の英文を書きなさい。（6点）

□

解答 p.37

Let's Read 3

時間 15分　/100

1　(　　)に入る正しい語を選んで書きなさい。　(5点×4)

□(1) Do you know (how, where) to get to the station?

□(2) This T-shirt is (making, made) in Japan.

□(3) This omelet was cooked (by, in) my sister.

□(4) The cameras (are, were) used about 70 years ago.

(1)	
(2)	
(3)	
(4)	

2　日本語に合う英語になるように，＿＿＿に正しい語を入れなさい。　(6点×4　完全解答)

□(1) その本はやさしい英語で書かれています。
The book ＿＿＿ ＿＿＿ ＿＿＿ easy English.

□(2) ケンタは自分で中国語を学ぼうとしました。
Kenta tried to learn Chinese ＿＿＿ ＿＿＿.

□(3) 私は真夜中に目が覚めました。
I woke up ＿＿＿ the ＿＿＿ ＿＿＿ the night.

□(4) 夢が実現するといいですね。
I hope your dreams ＿＿＿ ＿＿＿.

(1)				(2)		
(3)				(4)		

3　英語の意味を日本語で書きなさい。　(8点×2)

□(1) My mother didn't tell me which coffee to buy.

□(2) How many guests were invited to the party?

(1)	
(2)	

4 文章を読んで，あとの問いに答えなさい。 （8点×5）

His pictures will stay the same, but the Alaskan wilderness is changing. Its glaciers are disappearing because of global warming. The polar bears there cannot find enough food. The habitat of the caribou is growing smaller. Even the Inuit are losing their land. Now they have to change their traditional way of life.

As ice turns into water, and sea levels rise, Alaskan islands get smaller. ①Shishmaref is slowly disappearing. ②Scientists say the Arctic is getting warmer twice as fast as the rest of the Earth. Our lives will change, too, if we do not take care of our planet. Michio's photographs remind us of our beautiful past, but the future may be very different. What can we do to pass on this beauty to future children?

□(1) アラスカの自然はどのように変化していますか。「氷河」「ホッキョクグマ」「カリブーの生息地」について，それぞれ日本語で書きなさい。

□(2) 下線部①のような状況が起こっているのはなぜですか。その理由を日本語で書きなさい。

□(3) 下線部②の意味を日本語にしなさい。

(1)	氷河	
	ホッキョクグマ	
	カリブーの生息地	
(2)		
(3)		

解答 p.37～38

解答と解説

英語 2 年
ワーク&テスト

Unit 0

Read and Think

基本ワーク p.4 ～ 5

❶ ⑴ was studying
⑵ was listening
⑶ were running

❷ ⑴ from ⑵ arrived at
⑶ a lot of

❸ ⑴ I went to Fukui two weeks ago.
⑵ There was a restaurant here last year.

教科書内容の確認

⑴ ○ ⑵ ○

解説

❶ ⑶ run → running と，n を重ねることに注意。

❷ ⑶ 「とても楽しかった」→「楽しいこと(fun)がたくさん(a lot of)あった」と考える。

❸ ⑵ 「場所」を表す語句と「時」を表す語句を両方並べるときには，ふつう〈場所＋時〉の順にする。

Unit 1

Scene ①

基本ワーク p.6 ～ 7

❶ ⑴ is going ⑵ is / take
⑶ are / to play

❷ ⑴ Guess what ⑵ stay with
⑶ show me around

❸ I'm not going to go out tomorrow.

教科書内容の確認

⑴ aunt / Singapore
⑵ going / show her

解説

❷ ⑵ stay with ... は「…のところ[家]に滞在する[泊まる]」という意味。

教科書内容の確認

⑴ 「朝美は『ゴールデンウイーク』休暇の間にどこを訪れる予定ですか」という質問。
⑵ 「朝美のおばとおじは朝美のために何をするつもりですか」という質問。

Scene ②

基本ワーク p.8 ～ 9

❶ ⑴ will read ⑵ will eat [have]
⑶ will watch

❷ ⑴ far from ⑵ can't wait
⑶ I'll make

❸ ⑴ You'll see the Merlion soon.
⑵ Will you come here again?

教科書内容の確認

⑴ will / the Merlion
⑵ No / will not

解説

❷ (2) 「待ち遠しい」→「待てない」と考える。

教科書内容の確認

(1) 「朝美はすぐに何を見るでしょうか」という質問。

(2) 「朝美はチキンライスを食べるでしょうか」という質問。

Read and Think ①

基本ワーク p.10 ～ 11

❶ (1) buy you (2) make / cake
(3) give you

❷ (1) tall / weighs (2) bought / for
(3) showed / to

❸ I will give Josh the cookies.

教科書内容の確認

(1) ○ (2) ×

解説

❷ (2), (3)はそれぞれ次のように表すこともできる。
(2) I bought everyone some gifts.
(3) He showed me the map.

教科書内容の確認

(1) 「マーライオンはシンガポールのシンボルです」という文。

(2) 「朝美はジョシュに贈り物を買いませんでした」という文。

Read and Think ②

基本ワーク p.12 ～ 13

❶ (1) call / dog (2) call / girl
(3) call / tower

❷ (1) took / up to
(2) communicate with
(3) experience

❸ Please call me Yuki.

教科書内容の確認

(1) Ferris wheel (2) four

解説

❷ (1) take ... to ～で「…を～へ連れていく」という意味になる。upは「上へ」という意味。

❸ pleaseを文末に置く場合はふつうコンマをつけ，Call me Yuki, please. とする。

教科書内容の確認

(1) 「シンガポールフライヤーとは何ですか」という質問。

(2) 「朝美はシンガポールのお金に何種類の言語を見つけましたか」という質問。

Unit 0・1 総合問題 p.14 ～ 15

1 (1) were (2) is (3) going
(4) him

2 (1) arrive at (2) You'll see
(3) Guess what
(4) communicate with

3 (1) isn't going to
(2) What are / do (3) for you

4 (1) We will help Ken with his homework.
(2) He didn't show me the picture.
(3) Do you call the temple Kinkaku-ji?

5 (1) 私たちは昼食後にその観覧車に乗るつもりです。
(2) シンボル／体／頭
(3) ① It's 8.6 meters tall.
② Yes, there are.

解説

1 (1) then(そのとき)があるので過去進行形の文にする。
(2) There is ....(…がある)の文にする。
(3) next Sunday(次の日曜日)があるので未来を表す表現be going to ... にする。

2 (4) 「…と連絡を取る」と考えて，communicate with ... とする。

4 (2) 「(人)に(もの)を見せる[示す]」は〈show＋(人)＋(もの)〉または〈show＋(もの)＋to＋(人)〉の語順で表す。

5 (3) ① 「マーライオンはどのくらい(高さが)高いですか」という質問。

② 「マーライオン公園の近くにはみやげ物店がありますか」という質問。

Let's Talk ①

p.16 ～ 17

❶ (1) イ　(2) ア　(3) ウ

❷ ① doesn't work　② right

③ apologize for

❸ (1) I have a problem with my room.

(2) There are no towels.

解説

❷ ②「すぐに」はright awayで表す。

❸ (2) タオルはふつうホテルの部屋に複数枚置かれているので，towelsと言うのが自然。

Grammar for Communication ①

p.18 ～ 19

❶ (1) 補語　(2) 目的語

(3) 目的語／目的語　(4) 目的語／補語

❷ (1) オ　(2) ア　(3) エ　(4) イ

(5) ウ

❸ (1) Can you come quickly?

(2) Lisa didn't look tired this morning.

(3) I will buy a cake for Sally.

(4) Can you tell me the way to the station?

(5) Let's call this dog Yamato.

解説

❶ (1) 「形を覚えよう」の２番めの文構造。

(2) ３番めの文構造。　(3) ４番めの文構造。

(4) ５番めの文構造。

❷ (1) 主語(I)＋動詞(call)＋目的語(her)＋補語(Sally)の文構造。

(2) 主語(Tim)＋動詞(runs)の文構造。very fastは修飾語。

(3) 主語(Mike)＋動詞(cooked)＋目的語(me)＋目的語(omelet)の文構造。

(4) 主語(Saki)＋動詞(became)＋補語(a teacher)の文構造。last yearは修飾語。

(5) 主語(They)＋動詞(study)＋目的語(English)の文構造。every dayは修飾語。

❸ (1) (主語＋動詞)の文構造。

(2) (主語＋動詞＋補語)の文構造。

(3) (主語＋動詞＋目的語)の文構造。

(4) (主語＋動詞＋目的語＋目的語)の文構造。

(5) (主語＋動詞＋目的語＋補語)の文構造。

Let's Listen ①

p.20 ～ 21

【練習１】

① イ　② ウ　③ イ

【練習２】

NW194 / 9 [nine] hours / 50 [fifty] minutes / 10:50 a.m.

❶ ① イ　② ウ　③ ア

❷ ① ウ　② イ　③ ウ

解説

❶ 放送のはじめに，let me tell you about our in-flight serviceと言っていることから，機内サービスについてのアナウンスであるとわかる。直後の，Duty-free sales will start after the meal service.とEspecially, the bags and watches are limited itemsの部分を聞き取ろう。

❷ 現地の時刻は，the local time is ...の部分を，天候は，The weather is ...，気温は，the temperature outside is ...の部分を聞き取ろう。

練習１・２【放送台本】

Good evening ladies and gentlemen, welcome aboard North Wing Airlines flight NW194 with service to Los Angeles. Your pilot today is James Taylor and I'm your chief purser, Keiko Smith. We are now ready for departure. Our flight time to Los Angeles International Airport is expected to be 9 hours and 50 minutes. We are expecting to arrive at our destination at 10:50 a.m. local time. If there is anything we can do to make your flight more comfortable, please don't hesitate to let us know. We hope you will enjoy your flight with us. Thank you.

❶【放送台本】

Now let me tell you about our in-flight service today. Duty-free sales will start after the meal service. You can find the duty-free catalog in your seat pocket. We offer you some wonderful goods. Especially, the bags and watches are limited items of North Wing Airlines. Please enjoy your shopping. If there is anything we can do to make your flight more enjoyable, you only need to ask. Now, relax and enjoy the flight.

❷【放送台本】

Ladies and gentlemen, we will soon be landing at Los Angeles International Airport. If you would like to set your watches, the local time is now 10:55 in the morning. The weather is sunny and the temperature outside is 30 degrees Celsius or 86 degrees Fahrenheit. For your safety, please remain seated until the captain has turned off the seatbelt sign. Thank you very much for flying with North Wing Airlines today. We look forward to seeing you again. Thank you.

Unit 2

Scene ①

基本ワーク p.22 ~ 23

❶ (1) When / reads (2) When / goes
(3) When / are / play

❷ (1) many kinds of
(2) heard of / when

❸ I was happy when I saw Sally.

教科書内容の確認

(1) interesting dishes
(2) No / didn't

解説

❸ when ... を先に置いてWhen I saw Sally, I was happy.とすることもできる。この場合コンマ(,)が必要。

教科書内容の確認

(1)「ジョシュはテレビで何を見ますか」という質問。

(2)「ジョシュはフィリピンでカレーパンを食べましたか」という質問。

Scene ②

基本ワーク p.24 ~ 25

❶ (1) If / is (2) If / is / will
(3) If / is / listen

❷ (1) You know
(2) if / are interested in

❸ (1) Go to bed if you are tired.
(2) If Ken comes, I'll tell you.

教科書内容の確認

(1) ○ (2) ×

解説

❶ if ... の文中では，これからのことを言う場合でも，動詞は現在のことを表す形を使う。will beとしないこと。

教科書内容の確認

(1)「ジョシュはメグ，海斗，朝美といっしょにレストランに行くつもりです」という文。

(2) 「ジョシュはカレーライスの歴史についてとてもよく知っています」という文。

Read and Think ①

基本ワーク　p.26 ～ 27

❶ (1) that / came from
(2) produced / for sale
(3) pieces of

❷ (1) そのアイディアはよいと思いません
(2) その質問は簡単だと思いますか

❸ (1) We hope that you'll get well soon.
(2) Does Ken know Tim is from the U.K.?

教科書内容の確認

(1) No / didn't
(2) the 19th century

解説

❶ (1) You know that curry came from the U.K. を疑問文にしたもの。下線部の語順は変化しない。

教科書内容の確認

(1) 「カレーはインドから直接日本に来ましたか」という質問。

(2) 「カレー粉はいつ日本に来ましたか」という質問。

Read and Think ②

基本ワーク　p.28 ～ 29

❶ (1) when　(2) if　(3) because

❷ (1) with　(2) named / after

❸ (1) because I'm interested in art
(2) can't go shopping because I'm busy

教科書内容の確認

(1) No / didn't
(2) Because / didn't like seaweed

解説

❶ それぞれ２つの文のつながり方を考えて，文をつなぐ語を選ぶ。
(1) 「訪ねたとき，……」→ when
(2) 「もしそれをほしいなら，……」→ if
(3) 「疲れているから，……」→ because

教科書内容の確認

(1) 「日本人のシェフがイタリアから日本に『スパゲッティ・ナポリタン』を持ち込んだのですか」という質問。

(2) 「なぜ日本人シェフはカリフォルニアロールの外側にご飯を巻きつけたのですか」という質問。Why ...?(なぜ)と理由を聞かれたら，Because ....(…だから)と答えることができる。

Unit 2　総合問題

p.30 ～ 31

1 (1) When　(2) if　(3) that
(4) because

2 (1) many kinds of　(2) hear of
(3) Is / interested in
(4) named / after

3 (1) When　(2) Did / think that
(3) omelet / because

4 (1) I saw Rika when I went to the library.
(2) Let's go swimming if it is hot tomorrow.
(3) I hope you can join the game.

5 (1) イギリス／小麦粉／ごはんに乗せた
(2) Because a British company produced curry powder for sale.

解説

1 (1) 「10歳だったとき，……」→ when
(2) 「もし～を使いたければ，……」→ if
(4) 「美しいから，……」→ because

3 (1) 元の文は「私はドアを開けました。そのときに，その箱を見つけました」という意味。when(…ときに)が当てはまる。then には文をつなぐ働きがないので当てはまらない。

(3) 元の文は「ケンはオムレツが好きです。だから，彼にそれを作ろう」という意味。書きかえると，I'll make omelet for Ken because he likes it. となる。becauseで文をつなぐときの順番に注意する。また,「ケンはオムレツが好き」と「私はケンにオムレツを作ろう」の順が入れ替わるので，１つ目の解答欄にはomeletを入れる(omeletより先にitがくると，itが何を指すかわかりにくくなるため)。ちなみに soにも文をつなぐ働きがあるが，so(だから)を使うときにはコンマ(,)を使って次の順で書く。→Ken likes omelet, so I'll make it for him.

5 (2) 「なぜカレーの調理は簡単になったのですか」という質問。Because ....(…だからです)と答える。

Let's Talk ②

p.32 ～ 33

❶ (1) May I　(2) May I
(3) Could you

❷ (1) May I　(2) Could you / Say
(3) Could you / No
(4) another / sorry

❸ (1) May I ask you a favor?
(2) Could you call back later?

解説

❶ (3) Can you ...? やPlease .... も「…してくれませんか」とお願いする文になるが，「…してくださいませんか」というていねいなお願いにはCould you ...?が適切。

Grammar for Communication ②

p.34 ～ 35

❶ (1) If　(2) because　(3) comes
(4) called　(5) is

❷ (1) When I　(2) if / find
(3) says that　(4) want / because

❸ (1) If you read this book, you can find important things. [You can find important things if you read this book.]
(2) I had hot milk because it was cold. [Because it was cold, I had hot milk.]

❹ (1) When I saw Rika, she was studying.
(2) You'll be late if you don't take a bus.
(3) I didn't sleep well last night because it was hot.

解説

❶ (4) 「トムが私に電話したとき，私は図書館にいました」という意味になる。トムが電話をしたのは過去のことなのでcalledが当てはまる。

❷ (1) 京都を訪れるのは未来のことだが，when ...の中の動詞は未来のことを言うときでも現在形にする。

❹ それぞれ次のように書くこともできる。コンマや代名詞にも注意。
(1) Rika was studying when I saw her.
(2) If you don't take a bus, you'll be late.(「おくれる(た)」= be late)
(3) Because it was hot, I didn't sleep well last night. last nightはI didn't sleep wellを修飾している。

Let's Listen ②

p.36 ～ 37

【練習１】
① イ　② ア　③ イ

【練習２】
① create / dishes
② people from other countries enjoy / food

❶ (1) ① ア　② イ　③ ア
(2) ① every day / doesn't have / game
② work very hard / kind

❷ (1) ① ウ　② ア　③ ア
(2) ① have different cultures
② listen / understand

解説

❶ (2) ① 「西川選手はいつ練習をしますか」という質問。

② 「西川選手はスタジアムの職員について何と思っているでしょうか」という質問。

❷ (2) ① 「外国人と意思の疎通をするのはなぜ難しいのでしょうか」という質問。Because ....(…だからです)と答える。

② 「佐藤さんの仕事にとって重要なことは何ですか」という質問。〈to＋動詞の原形〉(…すること)を使って答える。

練習1・2【放送台本】

(1)

Sally : Hello. I'm Sally Davis. I'm a student at Futaba Junior High School. I came to your restaurant for our work experience.

Mr. Yamada : Hi, Sally. I'm Yamada Ryoji. I'm happy because you're interested in our job.

Sally : Well, may I ask some questions?

Mr. Yamada : Sure.

Sally : You're a chef, right?

Mr. Yamada : Right. I cook Japanese food at this restaurant.

Sally : I see. When did you become a chef?

Mr. Yamada : First, I helped the chefs with cooking for five years. I worked hard and became a chef eight years ago.

Sally : Why did you want to be a chef?

Mr. Yamada : My uncle is a chef, too. He has some restaurants. He is a great chef, so I wanted to become a chef like him and work with him.

Sally : Great!

Mr. Yamada : I don't work with him now, but I'm really happy because many people come to our restaurant and enjoy the food.

(2)

Sally : I think your job is wonderful. Well, your dream is to work with your uncle, right?

Mr. Yamada : Yes, but before that, I want to create new good dishes. I know it is difficult, but it's exciting.

Sally : You are a chef, but do you still study hard about cooking now?

Mr. Yamada : Of course. I also study English. Many people from other countries visit our restaurant. I hope they will enjoy the food here.

Sally : That's great. I will study hard for my future job. Thank you, Mr. Yamada.

Mr. Yamada : You're welcome.

Questions:

No.1 What is Mr. Yamada's dream?

No.2 Why does Mr. Yamada study English?

❶【放送台本】

Lisa : Nice to meet you, Mr. Nishikawa. I'm Lisa Williams. I came to this stadium for our job experience. I didn't think I could see a real baseball player. If you have time, could you answer some questions?

Mr. Nishikawa : All right.

Lisa : You don't have a game today, so why did you come to the stadium?

Mr. Nishikawa : We usually take a rest when we don't have a game. But I practice every day. I also practice after games. I think practice is very important for our job. My father often said that.

Lisa : Did your father play baseball, too?

Mr. Nishikawa : Yes, he did. When I was a child, I liked playing baseball with him. So I became interested in a baseball player.

Lisa : I see. You play in a lot of games, but are you nervous before games?

Mr. Nishikawa : Sometimes.

Lisa : How do you relax then?

Mr. Nishikawa : I remember my practice. I can play well in the games because I practice hard. When I remember that, I can become brave.

Lisa : I don't think I can become a baseball player, but I want to work for athletes.

Mr. Nishikawa : There are many kinds of jobs at this stadium. The staff here work very hard and are kind, so I can do my best. I hope I can work with you in the future.

Lisa : I'll do my best, too. Thank you for your time, Mr. Nishikawa.

Mr. Nishikawa : No problem.

Questions:

No.1 When does Mr. Nishikawa practice?

No.2 What does Mr. Nishikawa think about the staff at the stadium?

❷【放送台本】

Tom : Hello. I'm Tom Jones. I'm a student at Sakura Junior High School. Today, I came to City Hall for our job experience.

Ms. Sato : Hello, Tom. I'm Sato Keiko. I work at City Hall for eleven years. I'd like to answer your questions if it helps you.

Tom : Thank you very much, Ms. Sato. Well, are you from another city?

Ms. Sato : No. I'm from this city. I went to school and university in this city.

Tom : Oh, you really like our city. Did you want to work in this city when you were a child?

Ms. Sato : No, I didn't. When I was a junior high school student, I wanted to work in other countries. So I studied abroad for two years when I was in university. It was a great experience, but I thought my city in Japan is wonderful. So I tried to work at City Hall.

Tom : I see. May I ask about your job here?

Ms. Sato : Sure. There are many foreign people in our city. Some live and work here, and some are tourists. I support them when they have trouble.

Tom : That sounds difficult.

Ms. Sato : Yes. Foreign people have

different cultures, so to communicate with them is sometimes difficult.

Tom : What do you do then?

Ms. Sato : I listen to them well. I always try to understand them.

Tom : That's an important thing for your job, right?

Ms. Sato : Right. I hope everyone in this city can enjoy living or staying here.

Tom : I think your job is difficult but really important. Thank you, Ms. Sato.

Ms. Sato : You're welcome.

Questions:

No.1 Why is to communicate with foreign people difficult?

No.2 What is the important thing for Ms. Sato's job?

Unit 3

Scene ①

基本ワーク p.38 ~ 39

❶ (1) to take (2) to ride
(3) to swim

❷ (1) progress / changing
(2) should / face / age

❸ We use computers to learn.

教科書内容の確認

(1) ○ (2) ×

解説

❶ 「…するために」は〈to＋動詞の原形〉で表す。

❷ (1) isがあるので現在進行形にする。
(2) 助動詞(should)の疑問文の作り方はcanと同じ。shouldを主語の前に出す。

教科書内容の確認

(1) 「AIの進歩とともに，私たちの生活は変化しています」という文。
(2) 「もし私たちがコンピュータを使わなければ，いくつかの仕事は消えるでしょう」という文。

Scene ②

基本ワーク p.40 ~ 41

❶ (1) 私はバスを待つためにそこにいました。
(2) 私たちはこの行事に参加して楽しいです。

❷ (1) in the future (2) According to
(3) take / away

❸ (1) I'm sorry to hear that.
(2) What does the article say?

教科書内容の確認

(1) translator (2) will disappear

解説

❶ (1) 「…するために」と目的を表す。
(2) to ... は感情(are happy)の原因を表す。

❷ (2) 「…によれば」はaccording to ... で表す。

❸ (1) 「…して」と感情の原因を表す不定詞を使う。

教科書内容の確認

(1) 「朝美は将来，何になりたいと思っていますか」という質問。

(2) 「朝美はなぜ残念に思っていますか」という質問。Why ...?(なぜ)と理由を聞かれているのでBecause ....(…だからです)と答える。

Read and Think ①

基本ワーク p.42 ～ 43

❶ (1) to do (2) books / read
(3) cats to

❷ (1) develop / sense (2) can be

❸ (1) There are other things to study.
(2) Please give me something to eat.

教科書内容の確認

(1) × (2) ○

解説

❷ (1) 「発達させる」はdevelopで表す。

❸ (1) 「ほかに学ぶべきこと」→「学ぶべきほかのこと」と考える。

教科書内容の確認

(1) 「朝美はいくつかの文を翻訳することは難しいとは思いませんでした」という文。

(2) 「田中さんは，翻訳には日本語の深い知識が大切だと言いました」という文。

Read and Think ②

基本ワーク p.44 ～ 45

❶ (1) It / important to
(2) It is necessary
(3) is useful to

❷ (1) may (2) miss

❸ It is important to catch a writer's feelings.

教科書内容の確認

(1) No / can't [cannot]
(2) build relationships

解説

❶ 「～するのは…です」は〈It is ... to＋動詞の原形〉で表す。

❷ (1) mayは「…かもしれない，(たぶん)…だろう」という意味の助動詞。

教科書内容の確認

(1) 「AIは間違いなく文を翻訳することができますか」という質問。

(2) 「なぜ人々は言葉を使いますか」という質問。

Unit 3 総合問題 p.46 ～ 47

1 (1) イ (2) ア (3) ウ

2 (1) According to (2) take / away
(3) in the future (4) connect / to

3 (1) to see (2) something to eat
(3) It is interesting

4 (1) I bought some eggs to make a cake.
(2) There are many museums to visit in Kyoto.
(3) It is important to think about the problem.

5 (1) 日本語の深い知識／言語の感覚
(2) 興味があることを学び続けることは，将来，あなたの長所となることがあり得ます。
(3) Yes, it was.

解説

3 完成した2文めはそれぞれ次の意味になる。

(1) サリーはその俳優を見てわくわくしました。

(2) 私はそのネコに食べ物をあげました。

(3) 外国人とコミュニケーションをとることはおもしろいです。

5 (2) canは「…することがあり得る」という可能性を表す。

(3) 「いくつかの文を翻訳することは楽しかったですか」という質問。

Let's Write ①

p.48 ～ 49

❶ ① I'm sorry (that) ② I'm free

③ looking forward to

❷ ① Thank you [Thanks] for

② I'm attaching ③ Take a look

④ for now

解説

❶ ② 「その日は」はon that day。onは省略することも多い。

③ I'mとあるので現在進行形にする。

❷ ② 「つけてあります」→「つけています」と考えて現在進行形の文にする。

Grammar for Communication ③

p.50 ～ 51

❶ (1) ウ (2) ア (3) イ

❷ (1) to teach (2) to become [be]

(3) to win (4) to have [eat]

❸ (1) コンピュータについて学ぶことは必要です。

(2) リカはサラダを作るために(いくつかの)野菜を買いました。

(3) 私たちは今日の午後にすることは何もありません。

❹ (1) I like to have lunch in this park.

(2) Sally came here to see me.

(3) Do you have a book to read?

解説

❶ (1) 「リカはそのとき英語を話そうとしました」という意味。名詞的用法。

(2) 「私はいくつかの果物を買うためにその店に行きました」という意味。目的を表す副詞的用法。アは「私たちはそのことを聞いてうれしかったです」という意味で，感情の原因を表す副詞的用法。

(3) 「私たちはするべき仕事がたくさんあります」という意味。形容詞的用法。

❹ (1) 場所を表す語句はふつう文末に置く。

Stage Activity ①

p.52 ～ 53

❶ (1) Do you remember

(2) want to be (3) from abroad

(4) work out (5) It is important to

❷ (1) 例) 医師 (2) 例) 熱心に勉強する

(3) 例) ほかの人の気持ちを理解する

例) that you were in Yamato Hospital for two weeks / a doctor like Dr. Sato / study very hard / understand other people's feelings

解説

❶ (3) from abroadで「外国からの」という意味。

(4) 「体を鍛える，運動をする」はwork outで表す。

(5) 「～するのは…です」は〈It is ... to＋動詞の原形〉で表す。

❷ はじめに，なりたい職業に興味を持ったきっかけを書こう。完成した解答の意味は次のとおり。

「あなたは2週間，やまと病院にいたことを覚えていますか。私は佐藤先生のような医師になりたいです。だから，私は一生懸命に勉強するつもりです。ほかの人の気持ちを理解することが大切です」

Let's Read 1 ①

p.54 ～ 55

❶ (1) when (2) long ago

(3) some of (4) for example

❷ (1) 小さな穴のあいた／つぼの中の線

(2) Because they could not use the sun at night.

教科書内容の確認

(1) nature (2) 1,500 years ago

解説

❶ (2) long agoで「ずっと前に」という意味。

(3) some of ...で「…のうちいくつか」という意味。

❷ (2) 「なぜエジプト人は時間をはかるために太陽を使うのをやめたのですか」という質問。夜は太陽を使うことができなかったと書いてある。

教科書内容の確認

(1) 「時間を読むために古代の人々は何を使ったのですか」という質問。likeは「…のような」という意味。

(2) 「いつ人々は時間を読むために火を使い始めましたか」という質問。

Let's Read 1 ②

p.56 ～ 57

❶ (1) Now (2) It is time to

❷ (1) 欠点：動かすのが難しいこと。
理由：動力のおもりが大きくて重いから。

(2) They used (small and light) springs.

教科書内容の確認

(1) With bells (2) Yes / do

解説

❷ (1) however(しかしながら，けれども)とso(だから)に着目する。

(2) 「人々は時計を改善するために何を使いましたか」という質問。

教科書内容の確認

(1) 「機械の時計はどのように時間を知らせましたか」という質問。withは「…で，…を使って」という意味。

(2) 「人々は今もまだ置き時計や腕時計を改善しようとしていますか」という質問。

Let's Listen ③

p.58 ～ 59

【練習1】

① ☀ ② 30℃ ③ 18℃

④ ☁ ⑤ 26℃ ⑥ 16℃

【練習2】

sunny all day / 30 / 18 / cloudy / 26 / 16

❶ (1) ① ☁→☂ ② 15℃ ③ 9℃

④ ☀ ⑤ 19℃ ⑥ 15℃

(2) イ

❷ (1) ① ☀ ② 8℃ ③ 3℃

④ ☁→☃ ⑤ 5℃ ⑥ 0℃

(2) ウ

解説

❶ (2) How about visiting ...?(…を訪れてはどうですか)の部分を聞き取ろう。

❷ (2) ... is a good idea. (…がよいアイディアです)の部分を聞き取ろう。

練習1・2【放送台本】

Good evening, everyone. This is the Friday Night Weather Forecast. Here's the weather for this weekend. The weather in Los Angeles on Saturday will be sunny all day. The high will be 30 degrees Celsius, and the low will be 18 degrees Celsius. And it will be cloudy on Sunday. The high will be 26 degrees Celsius, and the low will be 16 degrees Celsius. In Los Angeles, we are going to have some big baseball games this weekend. If you are going to watch these exciting games, the weather will be great for it.

❶【放送台本】

Good morning. This is the Morning Bird Weather News. It is Friday, May 30th. In Sydney, it was a nice and sunny day yesterday, but not today. It will be cloudy in the morning, and rainy in the afternoon. The high will be 15 degrees Celsius, and the low will be 9 degrees Celsius. If you're going to come home late in the evening, don't forget to take your umbrella. And tomorrow will be sunny. The high will be 19 degrees Celsius, and the low will be 15 degrees Celsius. The weather will be nice on Saturday, so it will be a great day to go out. How about visiting Wild Life Sydney Zoo? Unique animals are waiting for you there!

❷【放送台本】

Good afternoon. This is the Sunday Weather Report. Here's the weather in

London. It will be sunny this afternoon. Tomorrow will be sunny, but cold. The high will be 8 degrees Celsius, and the low will be 3 degrees Celsius. On Tuesday, it will be cloudy in the morning, and we will have a little snow in the afternoon. The high will be 5 degrees Celsius, and the low will be 0 degrees Celsius. It will be cold this week. If you are looking for something to do, the British Museum is a good idea. You can enjoy wonderful art from all over the world.

Unit 4

Scene ①

基本ワーク p.60 ～ 61

❶ (1) have to　(2) has / walk
(3) has to

❷ (1) don't have to　(2) had to
(3) stay

❸ (1) Lisa has to help Ms. Ito.
(2) Do we have to follow the rule?

教科書内容の確認

(1) ×　(2) ○

解説

❶ (2)(3) 主語が三人称単数で現在のことなので has to ... を使う。

❷ (1) 「…しなくてよい」はdon't [doesn't] have to ... で表す。

❸ (2) have to ... の疑問文は，動詞のhaveの疑問文と同じ形。例)Do we have to ...? ／ Does she have to ...?

教科書内容の確認

(1) 「海斗は客なので家の規則を守らなくてもよいです」という文。

(2) 「海斗はホストファミリーと意思の疎通をするために英語を話そうと努力するべきです」という文。

Scene ②

基本ワーク p.62 ～ 63

❶ (1) must practice　(2) must be
(3) must not

❷ (1) Isn't　(2) must not
(3) pick / up

❸ You mustn't give him any advice.

教科書内容の確認

(1) have dinner
(2) No / can't [cannot]

解説

❷ (2) go outは「外出する」，aloneは「ひとりで」という意味。

教科書内容の確認

(1)「なぜ海斗は6時までに帰宅しなければいけないのですか」という質問。mustの疑問文はcanの疑問文の作り方と同じ。
例)Must we ...?／What must he ...?

(2)「海斗は夕方ひとりで外出してもよいですか」という質問。

Read and Think ①

基本ワーク p.64～65

❶ (1) like playing
(2) enjoys listening
(3) finished doing

❷ (1) too long (2) such a
(3) at cooking

❸ (1) Everyone enjoys eating his dinner.
(2) Sally tried reading the book.

教科書内容の確認

(1) ○ (2) ○

解説

❶ (1) like ...ingはlike to ...と同じ意味で，「…するのが好き」という意味。

(2)「…するのを楽しむ」はenjoy ...ingで表す。enjoy to ...と表すことはできない。

(3)「…し終える」はfinish ...ingで表す。finish to ...と表すことはできない。

❸ (2) try ...ingは「(試しに)…してみる」，try to ...は「(困難なことを)…しようと(努力)する」という意味。このように，同じ動詞でも〈動詞＋動名詞〉のときと〈動詞＋不定詞〉のときとで意味が変わるものがある。

教科書内容の確認

(1)「シンは水を節約するために10分以内にシャワーを終えなければなりません」という文。

(2)「ナミのホストファザーは彼女に，彼女にとっては多すぎる食べ物をくれます」という文。

Read and Think ②

基本ワーク p.66～67

❶ (1) Taking pictures
(2) Going camping
(3) Swimming is

❷ (1) one of (2) After all
(3) Both / and

❸ (1) Learning new words was fun.
(2) I kept trying to speak in English.

教科書内容の確認

(1) × (2) ×

解説

❷ (2)「結局」はafter allで表す。
(3) Mr. and Mrs. ...は「…夫妻」という意味。

❸ (2)「…し続ける」はkeep ...ingで表す。keep to ...と表すことはできない。

教科書内容の確認

(1)「海斗は夜，ウィルソン夫妻とカードゲーム(をすること)を楽しみました」という文。

(2)「海斗はウィルソン夫妻と何の問題もなく意思の疎通をすることができました」という文。教科書64ページのSometimes we couldn't understand each other.の文に着目する。

Unit 4 総合問題 p.68～69

1 (1) has (2) reading
(3) Speaking (4) playing

2 (1) went out (2) one of
(3) After all (4) both / and

3 (1) must (2) must not
(3) Listening / is

4 (1) You don't have to pick me up.
(2) We must wash our hands before eating.
(3) Did you enjoy climbing the

mountain?

5 (1) 私はそのような短い時間で洗い終えることはできません。

(2) ウ

解説

1 (1) 主語が三人称単数なのでhasにする。

(2) 「…し終える」はfinish ...ingで表す。finish to ...と表すことはできない。

(3) Speaking(話すこと)にする。1語という指定がなければ，To speakでもよい。

(4) 「あなたは野球をすることが得意ですか」という意味の文にする。at playing(前置詞＋動名詞)とすることはできるが，at to play(前置詞＋不定詞の名詞的用法)とすることはできない。

2 (2) 「…の1つ」はone of ...で表す。

(4) 「〜も…も(両方)」はboth 〜 and ...で表す。

3 (3) 「ほかの人の考えを聞くことは大切です」という意味。

4 (1) 「車で迎えにくる」はpick upで表す。「私を迎えにくる」のように代名詞を使う場合はpick me upという語順になる。pick up meとはしない。

5 (2) アは「シンのホストマザーは，私たちは水を節約する必要はないと言います」という意味。本文4行めで節約しなければならないと言っているので誤り。イは「ナミは内気すぎるのでホストファザーと話すことができません」という意味。内気すぎるからではなく，ホストファザーの気持ちを傷つけたくないというのが理由なので，ウが正解。

Let's Write ②

p.70 〜 71

❶ ① Dear ② for ③ to

④ wishes

❷ ① Thank you for

② I especially enjoyed going camping

③ I won't [will not] forget

④ hear from you

解説

❷ ② 「楽しかった」→「楽しんだ」と考え，enjoyed ...ingとするとよい。3 〜 5語という指定がなければ，It was especially fun to go campingでもよい。

③ 「忘れません」は意思を表すwillを使ってwon't [will not] forget ...とするとよい。「絶対に忘れません」と言うときはI'll never forget ...とするとよい。

Grammar for Communication ④

p.72 〜 73

❶ (1) will not (2) May [Can] I

(3) Must / go (4) doesn't have to

❷ (1) あとであなたに電話してもいいですか。

(2) 今，あなたはテレビゲームをしてはいけません。

❸ (1) I cannot play the piano well.

(2) How will the weather be tomorrow?

(3) She may be interested in Japanese history.

解説

❶ (4) Must ...?(…しなければならないのですか)と聞かれてNoと答える場合は，No, 主語＋don't [doesn't] have to.と答える。must not [mustn't]を使うと「…してはならない」という禁止の意味になるので注意。

❷ (1) Can I ...?で「…してもいいですか」と許可を求める表現になる。May I ...?も同じく「…してもいいですか」と許可を求める表現だが，Can I ...?よりもていねい。

❸ (2) howのあとは疑問文の語順になる。〈will＋主語(the weather)＋動詞の原形(be)〉の順で続けるとよい。

(3) mayは「…かもしれない」という意味。

Let's Listen ④

p.74 ～ 75

【練習 1】

① ウ　② イ　③ ア

【練習 2】

10 minutes late / is not running

running on time

❶ ① ウ　② ア　③ ア　④ ウ

❷ ① ウ　② ア　③ イ　④ ウ

解説

❶❷ running on time（定刻通り運行），not running between ... and ～（…と～の間で運行中止），... minute(s) late（…分遅延）という表現を聞き取ろう。また，Other lines are running on time. というアナウンスから，他の路線は定刻通り運行していることがわかる。

練習 1・2【放送台本】

May I have your attention please? Because of heavy snow, we have some changes to our train service. Some trains are late or not running now. Some Chitose Line trains are 10 minutes late. The Hakodate Line is not running between Iwamizawa and Bibai. The Gakuen-Toshi Line is running on time. We apologize for the inconvenience. Thank you.

❶【放送台本】

May I have your attention please? Because of heavy rain this morning, we have some changes to our train service. Some Kagoshima Line trains are about 5 minutes late. The Chikuhi Line is 10 minutes late. We had a car problem at Chojabaru Station on the Fukuhoku-Yutaka Line, but the line is running on time. Other lines are running on time. We apologize for the inconvenience. Thank you.

❷【放送台本】

May I have your attention please? Because of strong wind, we have some changes to our train service. The Joban Line is 10 minutes late. And the Senseki Line is 5 minutes late. The Senzan Line is not running between Kitayama and Kunimi because of a signal problem, but it will start running in thirty minutes. Other lines are running on time. We apologize for the inconvenience. Thank you.

Unit 5

Scene ①

基本ワーク p.76 ～ 77

❶ (1) how to (2) how / make [cook]
(3) how to open

❷ (1) where to (2) when to
(3) which book to

❸ Do you know what to do?

教科書内容の確認

(1) ○ (2) ×

解説

❶ 「どのように…するか」,「…のしかた(する方法)」は〈how to ＋ 動詞の原形〉で表す。

❷ それぞれ，どこで(where)，いつ(when)，どちらの本(which book)のあとに〈to ＋ 動詞の原形〉を続ける。

教科書内容の確認

(1) 「メグは展示で，ユニバーサルデザイン製品の使い方を学ぶことができます」という文。
(2) 「ユニバーサルデザイン製品の使い方を学ぶことは難しいです」という文。

Scene ②

基本ワーク p.78 ～ 79

❶ (1) over here (2) Thanks to
(3) told / where to

❷ (1) 私はメグに次に何をするべきかをたずねました。
(2) いつそこへ行くべきかを教えてくださいませんか。
(3) 彼女は私に何色を選ぶべきかを教えませんでした。

❸ (1) He showed us how to take pictures.
(2) Did you ask her which desk to use?

教科書内容の確認

(1) × (2) ○

解説

❷ (1) 〈ask＋(人)＋(もの)〉で「(人)に(もの)をたずねる」という意味。(もの)の部分に〈what to ＋ 動詞の原形〉を入れると考えればよい。
(2) 〈tell＋(人)＋(もの)〉で「(人)に(もの)を教える」という意味。(もの)の部分に〈when to ＋ 動詞の原形〉が入った形。

❸ (1) 〈show ＋(人)＋ how to ＋ 動詞の原形〉の順。

教科書内容の確認

(1) 「私たちは，点字があるのでそのびんを簡単に開けることができます」という文。
(2) 「そのびんは，たいへん役に立ついくつかの特徴を持っています」という文。

Read and Think ①

基本ワーク p.80 ～ 81

❶ (1) am sure (2) I'm / that
(3) I'm sure that [I am sure]

❷ (1) plastic bottle (2) stairs
(3) the

❸ (1) I'm sure that she'll come back soon.
(2) We're glad that the team won the game.

教科書内容の確認

(1) ○ (2) ○

解説

❸ (2) won は win(…に勝つ)の過去形。

教科書内容の確認

(1) 「ユニバーサルデザイン製品は誰にとっても役に立ちます」という文。
(2) 「手すりの点字は，目の不自由な人に，どちらの道に行くべきかを教えてくれます」という文。

Read and Think ②

基本ワーク

p.82 〜 83

❶ (1) the father of (2) ways to

(3) as

❷ (1) 多くの人々が私たちを助けているということを知るのは

(2) それはすばらしいアイディアだと

❸ (1) He often says that time is important.

(2) Does Tom know I'm here?

教科書内容の確認

(1) in / wheelchair (2) great

解説

❷ 文の意味は次のとおり。

(1) 多くの人々が私たちを助けているということを知るのは大切です。

(2) 多くの人々が，それはすばらしいアイディアだと思っています。

❸ (1) oftenはふつう一般動詞の前（またはbe動詞のあと）に置く。

(2) thatを省略せずにDoes Tom know that I'm here?と言うこともできる。

教科書内容の確認

(1) 「なぜロナルドにはしばしば大変な時があったのでしょうか」という質問。

(2) 「多くの人々はロナルドの考えについてどう思っていますか」という質問。

Unit 5 総合問題

p.84 〜 85

1 (1) where (2) when (3) which

(4) to say

2 (1) over here (2) Thanks to

(3) the father of (4) ways to

3 (1) how to (2) tell / what to

(3) happy that I

4 (1) Do you know where to practice tennis?

(2) Let's ask Lisa when to leave home.

(3) I'm surprised that you can read the braille.

5 (1) すべての人々

(2) ① 特別な形の ② 上の点字

③ そばにあるスロープ

(3) 私はそれらが多くの人々を助けると確信しています。

解説

1 (1) in Okinawa（沖縄で）とあるので，沖縄でどこを訪れたらよいか（観光スポットなど）を知っているという意味。I know how to go to Okinawa.だと，沖縄への行き方を知っているという意味になる。

(2)〜(4) それぞれ次の意味になるようにする。

(2)「いつ会うべきか」，(3)「どちらの本を読むべきか」，(4)「何と言うべきか」

3 (1) 「できる」→「やり方を知っている」と考える。

(2) tell ＋（人）＋ what to ... の語順にする。

4 (3) I'm surprised that ...（私は…に驚いています）という文にする。the brailleは「点字」。

5 (2) 例（＝example）が示されている部分を探す。

(3) I'm sure that .... は「…と確信している」「きっと…だ」という意味。

Let's Talk ③

p.86 〜 87

❶ ① how to ② Take

③ change trains ④ three stops

❷ (1) Could you tell me how to get to Misono?

(2) How many stops is Ono from here?

(3) How long does it take?

解説

❶ ① 「行き方（どのようにして到着するか）」はhow to get to ... と表す。

② 「乗っていく」はtakeで表す。

④ stopは「停留所，駅」を表す。

Let's Listen ⑤

p.88 ～ 89

【練習１】

① イ　② イ，ウ

【練習２】

four / four thirty / where

wait for you / get it

❶ ① ウ　② ア，ウ

❷ ① ウ　② イ，エ

解説

❶ ② You know my house is near the library, right?とたずねている部分を聞き取ろう。

❷ ② tell me where to play tennis ....と言っている部分を聞き取ろう。

練習１・２【放送台本】

Hi, mom. This is Tom. I'm at Sakura Station with Ken now. I'm going to take the train soon, and will arrive at Yamato Station at about four o'clock. I need to buy a book at the bookstore near the station, so can you pick me up around four thirty? Well, where should I wait for you? Oh, you are looking for the popular book, *I Am a Dog*, right? If I find it at the bookstore, should I get it? Call me back later. Bye.

❶【放送台本】

Hi, Lisa. This is Saki. Can you come and have lunch at my house next Sunday? You know my house is near the library, right? If you don't, I will tell you tomorrow. My mother is good at cooking, so we can enjoy cooking Japanese food with her. Oh, can you eat eggs or milk? If you can't, tell me. It's very important. I bought a new video game, so let's play it after lunch. See you tomorrow.

❷【放送台本】

Hi, Daiki. This is Mike. This morning, Kenta told me you are a good tennis player. I want to play it with you. How about tomorrow afternoon? It is rainy today, but it will be sunny then. It may be hot, so should we bring something to drink? And tell me where to play tennis in this city. Well, Kenta may want to join us. I'm going to call him, too. Call me back later. Bye.

Unit 6

Scene ①

基本ワーク p.90 ～ 91

❶ (1) faster than
(2) runs faster than
(3) the fastest of

❷ (1) taller / or
(2) movie / older / or

❸ (1) Godzilla is taller than the Statue of Liberty.
(2) Which movie is the oldest of the three?

教科書内容の確認

(1) ○　(2) ×

解説

❶ (1) fast → faster → fastestと変化する。
(3) 「…の中で」はof ... で表す。

教科書内容の確認

(1) 「自由の女神像はゴジラよりも小さいです」という文。
(2) 「『となりのトトロ』は『君の名は。』より新しいです」という文。

Scene ②

基本ワーク p.92 ～ 93

❶ (1) more interesting
(2) more / than
(3) the most interesting

❷ (1) What kind of
(2) for answering

❸ (1) This book is more popular than others.
(2) This movie is the most famous of all.

教科書内容の確認

(1) No / didn't　(2) science fiction

解説

❸ (1) 「ほかのもの」はothersで表す。

教科書内容の確認

(1) 「ジョシュは朝美に，どの映画を見たらよいかたずねましたか」という質問。
(2) 「朝美のお気に入りの映画は何ですか」という質問。

Read and Think ①

基本ワーク p.94 ～ 95

❶ (1) better than　(2) better than
(3) the best

❷ (1) As for　(2) such as
(3) As a result

❸ More than ten like math the best.

教科書内容の確認

(1) ○　(2) ×

解説

❶ 「すぐれた」はgood。その比較級はbetterで，最上級はbest。

❸ more than tenは「10人より多くの人」という意味。

教科書内容の確認

(1) 「ジョシュのクラスでは，SF映画はホラー映画よりも人気があります」という文。
(2) 「ジョシュは，クラスの半分より多くの人がアニメ映画がいちばん好きだとわかって驚きました」という文。

Read and Think ②

基本ワーク p.96 ～ 97

❶ (1) as / as　(2) as many / as
(3) cold as

❷ (1) the second most
(2) feel like talking

❸ (1) Lisa ate as much as Yuka.
(2) My bag is not as heavy as yours.

教科書内容の確認

(1) ○　(2) ×

解説

❶ as ... as ～のときは，erやestをつけずそのままの形で使う。

❸ (1)「同じくらいの量」(数えられない名詞の場合)はas much as，「同じくらいの数」(数えられる名詞の場合)はas many asを使う。

(2)「～ほど…ではない」はnotをつけてnot as ... as ～と表す。

教科書内容の確認

(1)「グラフのおかげで，海斗はジョシュの調査結果を理解するのは簡単だと思いました」という文。

(2)「海斗はジョシュの発表を何の問題もなく理解することができました」という文。文字が小さすぎてよく見えなかったと言っているので誤り。

Unit 6　総合問題

p.98 ～ 99

1 (1) larger　(2) most popular
(3) better　(4) famous

2 (1) taller / or　(2) of the four
(3) the second longest
(4) feel like taking

3 (1) more difficult　(2) the best of
(3) more famous than

4 (1) I get up the earliest in my family.
(2) Rika likes cats better than dogs.
(3) Meg can swim as fast as Ken.

5 (1) クラスの半分以上の生徒がアニメよりほかの種類の映画の方が好きだということ。
(2) ア ○　イ ○　ウ ×

解説

1 (3) goodの比較級はbetter。

2 (2)「～の中で(いちばん…)」は，〈of ＋数やallなど〉または〈in ＋場所やグループなど〉を使って表す。of the five(5つの中で)，in my school(学校で)のように表す。

3 (1)「このクイズは最初のクイズよりも簡単だ」→「最初のクイズはこのクイズよりも難しい」と考える。quizはくり返しを避けてoneにする。

(3)「この山は富士山ほど有名ではない」→「富士山はこの山より有名だ」と考える。

5 (2) ウは「その(調査)結果は，5人の生徒がホラー映画が好きだということを示しています」という意味。5人は，恋愛物語やコメディ，ホラー映画などその他の種類(other kinds)が好きだと答えたので誤り。

Let's Talk ④

p.100 ～ 101

❶ ① May [Can]　② please
③ looking　④ about　⑤ Shall
⑥ please　⑦ much　⑧ take

❷ (1) Shall I help you with cooking?
(2) Shall I make you something to eat?

解説

❶ 会話の内容は次のとおり。

店員：　いらっしゃいませ(お手伝いしましょうか)。
ミサキ：はい，お願いします。
Tシャツを探しています。
青いのはありますか。
店員：　はい。こちらはいかがですか。
ミサキ：すてきですね，でも私には大きすぎると思います。
店員：　わかりました。
もう少し小さいものを出しましょうか。
ミサキ：はい，お願いします。
店員：　はい，どうぞ。
ミサキ：よさそうです。
いくらですか。
店員：　25ドルです。
ミサキ：わかりました。それをください。

❷ (1) help ＋(人)＋ with ... は，「(人)を…の面で手伝う」という意味。...には名詞や動名詞(...ing形)が入る。

(2)〈make ＋(人)＋(もの)〉で，「(人)に(もの)を作る」という意味。「何か食べるもの」はsomething to eatと表す。

Grammar for Communication ⑤

p.102 ～ 103

❶ long — longer — longest
big — bigger — biggest
easy — easier — easiest
good / well / very much — better — best
difficult — more difficult — most difficult

❷ (1) older (2) more slowly
(3) earliest (4) fun

❸ (1) smallest of the (2) better / or
(3) not as / as

❹ (1) I came home later than my father.
(2) Who is the most popular singer in Japan?
(3) Which season do you like the best?
(4) Meg studies Japanese as hard as Sally.

解説

❶ long：比較級は...er，最上級は...estをつける。
big：最後の1字を重ねて，...er，...estをつける。
easy：yをiにかえて...er，...estをつける。
good, well, very muchの比較級はbetter，最上級はbest。
difficultのようにつづりが比較的長い語にはmore, mostをつける。

❸ (1) 「5つの中で」はof the fiveと表す。
(2) 「AとBではBの方が好き」と言うときはbetterを使う。
(3) 「～ほど…ではない」はnot as ... as ～と表す。

❹ (3) 「…がいちばん好き」はlike ... the bestと表す。

Stage Activity ②

p.104 ～ 105

❶ (1) percent of (2) Five of
(3) found that

❷ (1) 例） Thirty of［About eighty percent of］
(2) 例） Nine of
(3) 例） cats are the most popular animal in my class
(4) 例） I'm glad to know that cats are very popular in my class

解説

❷ (2) About［More than］twenty-three percent of（約23パーセントの［23パーセントを超える］）と書くこともできる。
(3) I found that ...（…ということがわかった）と，調査結果からわかったことを書く。
(4) Pointを参考に感想を書こう。I want to ...（…したい）やI think ...（私は…だと思います），I'm sure that ...（きっと…だ）などを使ってまとめるのもよい。例）I want to ask my classmates the reason next time.

Let's Read 2 ①

p.106 ～ 107

❶ (1) out of (2) with a smile
(3) doing well

❷ (1) その男の子が立ち去ろうとしたとき，その女性は「待って」と言いました。
(2) To go to school.

教科書内容の確認

(1) To sell (2) a glass of milk

解説

❷ (2) To ....（…ために）と答えるとよい。

教科書内容の確認

(1) 「少年はなぜ女性の家に行ったのですか」という質問。
(2) 「少年は女性から何をもらいましたか」という質問。

Let's Read 2 ②

p.108 ～ 109

❶ (1) was afraid to (2) in full

(3) says

❷ (1) 手術のためのお金がないことに気づいたから。

(2) She fell down in front of her house.

教科書内容の確認

(1) big hospital / the city

(2) happy to be alive

解説

❷ (1) I have no ... は「…がない」とすると自然な日本語になる。

(2) 「女性はどこで倒れましたか」という質問。

教科書内容の確認

(1) 「だれが女性に手術をしましたか」という質問。

(2) 「女性は目が覚めたとき，どのように感じましたか」という質問。

Let's Listen ⑥

p.110 ～ 111

【練習1】

① ア　② イ，エ　③ イ

【練習2】

supermarkets / November first［1st］

December twelfth［12th］

convenience stores / twelve

three new

only at convenience stores / four

fifteen

❶ ① ウ　② イ，エ

❷ ① イ　② ア，ウ

解説

❶ ② アは，not so strongと言っているので×。イは，you won't get a stomachacheと言っているので○。エは，You won't get sleepy after taking this.と言っているので○。

❷ ② アは，If you are over seven, you can take it.と言っているので○。overは「…をこえて」。

ウは，you can take it without waterと言っているので○。withoutは「…なしで」。

練習1・2【放送台本】

Buonasera, this is Mario's Pizza from Italy! We usually sell our pizza at supermarkets. Now, we have some great news. From November first to December twelfth, you can buy our special pizza at convenience stores. We have twelve kinds of pizza, but you can find three new kinds there. Deluxe Cheese Pizza! Italian Tomato Pizza! And Mario's Special Pizza! You can get them only at convenience stores. And we're offering you a special price. They are four dollars and fifteen cents each. Why don't you try Mario's Pizza? *Ciao*!

❶【放送台本】

Mother : You don't look well. What's wrong?

Father : I have a headache.

Daughter : You came home late yesterday. You are working very hard.

Mother : That's too bad. Take this medicine, Lenitive. It is not so strong, so you won't get a stomachache.

Father : Thanks. But I don't want to take it. I often get sleepy when I take medicine for a headache. I have a very important meeting today.

Mother : Don't worry. You won't get sleepy after taking this.

Father : OK. I will try it. Thank you.

❷【放送台本】

Daughter : Mom, I sometimes get a headache at school. May I bring this to school?

Mother : Oh, you can't take Lenitive. It's for people over fifteen years old. Here. This is for you.

Daughter : Lenitive Cure?

Mother : Yes. If you are over seven, you can take it.

Daughter : I'm thirteen. So I can take it.

Mother : Right. And you can take it without water.

Daughter : Really? It's like candy.

Mother : That's right. It's easy to take.

Daughter : Great! I will put it in my bag. Thank you, mom.

Mother : Take care of yourself, guys. Have a nice day!

Father : See you later, honey.

Daughter : Bye, mom!

Unit 7

Scene ①

基本ワーク p.112 ～ 113

❶ (1) used (2) cleaned (3) was
(4) were

❷ (1) ８時に開けられます
(2) たくさんの食べ物が必要とされました

❸ (1) is visited by (2) are loved by

❹ The selection standards were decided in 1972.

教科書内容の確認

(1) In 1972 (2) Three

解説

❷ (1)は「開きます」，(2)は「必要でした」と訳してもよい。英語では受け身の形が合うが，日本語ではふつう受け身の形にしない表現もある。

教科書内容の確認

(1) 「世界遺産の選択基準はいつ決められましたか」という質問。

(2) 「世界遺産は何種類ありますか」という質問。

Scene ②

基本ワーク p.114 ～ 115

❶ (1) Yes / it is (2) No / they aren't
(3) No / they weren't

❷ (1) because of (2) are / called

❸ When was the company founded?

教科書内容の確認

(1) ○ (2) ×

解説

❶ be動詞を使って答える。

❸ 疑問詞の後は疑問文〈be動詞＋主語＋過去分詞…〉の語順。「創立する」はfound。

教科書内容の確認

(1) 「ブルーマウンテンズは自然遺産として登録されています」という文。

(2) 「ブルーマウンテンズのユーカリの木は青い葉を持っています」という文。青いのは葉ではなく，ユーカリの葉から出る油を含んだ霧。

Read and Think ①

基本ワーク p.116 ～ 117

❶ (1) are connected by
(2) is damaged by
(3) was built by

❷ (1) その男の子は家族からヒロと呼ばれています。
(2) あなたはだれかから道をたずねられましたか。

❸ (1) I was invited to the party by Meg.
(2) Is the animal loved by children?

教科書内容の確認

(1) ○ (2) ×

解説

❶ by ...(…によって)を文の最後につける。
(3) buildの過去分詞はbuilt。

❷ by ...は「…によって，…から」という日本語にするとよい。

教科書内容の確認

(1) 「ベネチアの水上バスは観光客と市民によって使われています」という文。
(2) 「あまりにも多くの人がベネチアに住んでいるので，ベネチアは沈んでいます」という文。Second, the city is sinking.の後の文を読み取る。

Read and Think ②

基本ワーク p.118 ～ 119

❶ (1) For one thing (2) For another
(3) is known

❷ (1) この公園では独特な鳥が見られます。
(2) その仕事は明日までに終わるでしょう。

❸ The precious plants can be found here.

教科書内容の確認

(1) Yes / do
(2) sacred / gives / inspiration

解説

❷ (2) by tomorrowは「明日までに」という意味。

❸ the precious plants(貴重な植物)を主語にする。「…を見つける」はfindで，過去分詞はfound。

教科書内容の確認

(1) 「世界中の人が富士山は自然の美しい姿を持っていると知っていますか」という質問。
(2) 「日本人は富士山についてどう思っていますか」という質問。

Unit 7 総合問題

p.120 ～ 121

1 (1) used (2) known (3) were
(4) seen

2 (1) all over (2) because of
(3) For one thing (4) For another

3 (1) Is / opened (2) was cooked by
(3) can be seen

4 (1) Is your car made in Japan?
(2) He is easily influenced by his friends.
(3) The park will be cleaned next Sunday.

5 (1) ベネチアの多くの島は運河や橋でつながれています。
(2) ① 水上バスが混雑／市民
② 遊覧船の起こす波／やわらかい土地／沈んでいる

解説

1 (2) knowの過去分詞はknown。
(3) builtはbuild(…を建てる)の過去分詞。過去のことなのでwereにする。
(4) seeの過去分詞はseen。

2 (1) 「世界中に(で)」は，ほかにaround the worldと言うこともできる。
(4)は(3)のような文の後に使われる。

3 (1) be動詞を主語の前に置く。

(2) 「…によって」はby ... で表す。

❹ (1) 「日本製」→はmade in Japanと表す。「日本で作られた」ということ。

(2) He is influenced by his friends easily.でもよい。

Let's Talk ⑤

p.122 ～ 123

❶ (1) Do you want

(2) Do / want to

(3) Do / want / go

❷ (1) let's　(2) I'd / to / but / too bad

(3) other time

❸ (1) Do you want to come with us?

(2) I'm afraid I can't join you.

解説

❷ (2) I'd = I would

❸ (2) I'm afraid (that) ... の形の文。

Grammar for Communication ⑥

p.124 ～ 125

❶ (1) asked　(2) built

(3) collected　(4) known

(5) changed

❷ (1) is liked by　(2) was made

(3) are not used　(4) were / taken

❸ (1) This video game is played by many people.

(2) The festival can be started by the students soon.

❹ (1) The book was translated by a famous writer.

(2) When was the station built?

(3) The game will be held next Sunday.

解説

❶ (5) 「予定は変更されることができます」→「予定は変更可能です」という意味になる。

❷ (1) 「みんなに(よって)」はby ... を使って表す。

(3) 否定文はbe動詞の後にnotを置く。

❸ (2) 〈助動詞＋be動詞＋過去分詞〉の語順。

❹ (3) 〈助動詞＋be動詞＋過去分詞〉の語順。heldはholdの過去分詞。

Let's Listen ⑦

p.126 ～ 127

【練習１】

① イ　② ア　③ ウ

【練習２】

second / special lunch / cake

❶ ① イ　② ア，イ　③ ア

❷ (1) ① イ　② ア　③ ア

(2) エ

解説

❶ special offer(特別価格)，... percent discount(…パーセント割引)を聞き取ろう。If you buy three [five] or moreは「３個［５個］以上買うと」という意味。

❷ (1) ② you can get the application form.(応募用紙をもらえます)と言っている。

練習１・２【放送台本】

Thank you for coming to Green Hill Shopping Mall today. Next Sunday, a new restaurant and cafe will open on the second floor. The Japanese restaurant "Sakura" is coming to our city. It will hold an opening festival, and you can have a special lunch for 850 yen. Please enjoy wonderful Japanese dishes for lunch. Also, Cafe Green Garden will open on the same day. The cafe has many kinds of coffee from all over the world. If you have a Green Hill Members Card, you can get one cake for free. We hope you will have a nice break time during your shopping. Thank you.

❶【放送台本】

Thank you for coming to Wild Rabbit Sweets Shop. We are having our 30th anniversary festival. We opened our first shop 30 years ago. Now we have six shops in two cities. We also started our online shop ten years ago. Here's our special offer. Our Rabbit Chocolate is usually 700 yen. If you buy three or more, you will get a 20 percent discount. If you buy five or more, you will get a 30 percent discount. You can get four kinds of the chocolate for this special offer. Please be careful, you can get the special offer only at the shops in two cities. Enjoy our Rabbit Chocolate with your friends or family!

❷【放送台本】

Welcome to Good Price Supermarket. Now we are having our Thanks Fair. We will invite 500 customers to a professional baseball game. It will be held in our city on August 13th and 14th. If you want to join the fair, you need to buy more than 2,000 yen at our store. Please bring the receipt to the information counter, and then you can get the application form. Fill out the form, and put it in the box by the information counter. If you are invited, you will get an e-mail from our store on August 5th. If you want more information, visit our website or look at the poster by the entrance door.

Stage Activity ③

p.128 ～ 129

❶ (1) This place is / beside
(2) is visited
(3) has

❷ (1) beside Asahi Zoo
(2) is visited by many children
(3) famous for the Ferris wheel
(4) crowded on Saturday morning

解説

❶ (2) 「温泉」はhot spring。「たくさん人が訪れます」→「たくさんの人に訪れられています」とする。

❷ (2) 「多くの子供に訪れられる」と考える。
(4) 単に「午前中」と言うときはin the morningと表すが,「土曜の午前中」はon Saturday morningと表す。

Let's Read 3 ①

p.130 ～ 131

❶ (1) in the middle of
(2) for [by] himself (3) came ture

❷ (1) すべての生き物はこの惑星[地球]を共有していること。
(2) 例) イヌイットの人々のように自然と調和して生活したこと。

教科書内容の確認

(1) photograph / book
(2) that / share

解説

❷ (2) 下線部②に「彼はアラスカの荒野の一部になった」と書かれているが,これはイヌイットの人々のように自然と調和して生活したことのたとえ。

教科書内容の確認

(1) 「何が道夫をアラスカに連れて行ったのですか(なぜ道夫はアラスカに行ったのですか)」という質問。
(2) 「道夫はイヌイットの人々の生活から何を理解しましたか」という質問。

Let's Read 3 ②

p.132 ～ 133

❶ (1) turns into (2) remind / of
(3) pass on / to

❷ (1) 彼は1996年にカムチャッカ半島でひとりでキャンプしているときにクマに殺されました。
(2) His feelings of freedom and wonder.

教科書内容の確認

(1) To camp [stay]
(2) No / don't

解説

❷ (2) 「道夫は写真を通して何を共有したかったのですか」という質問。He wanted to share ....と，ていねいに答えてもよい。

教科書内容の確認

(1) 「道夫はアラスカで野生動物を撮影するために何をしなければなりませんでしたか」という質問。

(2) 「イヌイットは今もまだ伝統的な生活様式をしていますか」という質問。

定期テスト予想問題

Unit 0・1 定期テスト予想問題

p.134 ～ 137

1 (1) イ (2) ウ (3) オ

2 (1) ア (2) ウ

3 (1) swim (2) will (3) for
(4) her

4 (1) stay with (2) show / around
(3) can't wait (4) weighs / tons

5 (1) gave me (2) What / call

6 (1) We are going to go abroad.
(2) It will be very hot today.
(3) Can you teach us English?

7 (1) エアコンが故障している。
(2) すぐに確認する。
(3) 問題をおわびいたします。

8 問1 観覧車のシンガポールフライヤーで165メートルまで上がりました。
問2 (1) It was scary, but fun.
(2) Yes, they do.
問3 ア，エ

9 例）I am［I'm］going to have［eat］curry and rice.

解説

3 (3) 〈cook ... for (人)〉で「(人)に…を作る」。〈cook (人)...〉と表すこともできる。

4 (1) Can I ...?は「…してもいいですか」と許可を求める表現。stay with ...は「…のところに滞在する(泊まる)」という表現。

5 (1) 「私はこのバッグを母からもらいました」→「私の母は私にこのバッグをくれました」と考える。

6 (1) go abroadで「海外に行く」という意味。

7 (1) 対話文3行めに着目する。
(2) 対話文4行めに着目する。

8 問1 itは，the Ferris wheel (= Singapore Flyer)を指す。
問2 (1) 「シンガポールフライヤーは朝美にとってどうでしたか」という質問。

(2)「シンガポールの人々はいくつかの言語を使いますか」という質問。

9 あらかじめ決めておいた予定は〈be going to＋動詞の原形〉で表す。

1【放送台本】

John : Hi, Aya. Let's play tennis in the park tomorrow.

Aya : I'm sorry, but I can't. I don't have time for tennis tomorrow.

John : What are your plans for tomorrow?

Aya : I'm going to go shopping with my mother in the morning.

John : What are you going to buy?

Aya : Oh, my mother is going to buy me a new bag.

John : That's nice. What are you going to do in the afternoon?

Aya : I'm going to go to the library with Eriko. We're going to study math and English together.

John : Really? Can I go with you? I have math homework. But it's too difficult. Can you help me with it?

Aya : All right. Come to my house at two. Then let's go together.

2【放送台本】

Harry is from the U.K. He's a junior high school student. He's not in my class, but he lives near my house. So we're friends. We often go to the park and play basketball on Sunday. He's a good basketball player. Sometimes he comes to my house and we play video games. I'm going to visit him at his home next Sunday. He's going to show me some pictures of popular places in London.

Unit 2 定期テスト予想問題

p.138 ～ 141

1 (1) イ (2) ウ (3) ア

2 (1) エ (2) ア

3 (1) when (2) because (3) If (4) go

4 (1) heard of (2) You know (3) kinds of (4) come from

5 (1) know that (2) when / visits

6 (1) If the shop has many kinds of bags, I want to go.
(2) We didn't talk with Ken because he was busy.
(3) I don't think Natsumi is interested in history.

7 (1) 例) 自分たちの写真を撮ってもらうこと。
(2) チーズ／例) ほほえんだ
(3) もう1枚写真を撮っていただけませんか。

8 問1 例) ここにいくつかの異なる食文化のブレンドがあります。
問2 (1) 特別なトマトソース／イタリア
(2) アボカド／ご飯
問3 (1) 例) Because people there didn't usually eat raw fish.
(2) No, it wasn't.

9 例) Could you call (me) back when you have time [you're free]?

解説

3 (4) 未来のことを表すときでも，ifやwhenの中の動詞は現在形にする。

4 (3) ... kind(s) of ～で「…種類の～」という意味。

5 (1) know (that) ...で「…(ということ)を知っている」という意味。このthatは省略することもできる。

6 (3)「…だと思いません」はI don't think (that) ....と表す。「…に興味がある」はbe interested in ....。

7 (1) Could you ...?は「…していただけませんか」というていねいなお願い。

(3) another oneは「もう１つ」。ここでは「(写真を)もう1枚」という意味。

8 問1 othersは「そのほか(のもの)」という意味。前の文のone blend of different food culturesを受けて「そのほか」と言っている。Here are [is] ....は「ここに…があります，これが…です」という意味。

問2 (1) 〈name(人など)... after ～〉は「～にちなんで(人など)を…と名づける」という意味。

問3 (1) 「なぜアメリカの日本人シェフはすしにアボカドを使ったのですか」という質問。Why ...?と聞かれているのでBecause ....と答える。

9 Could you ...?はCan you ...?やPlease ....よりもていねいなお願い。「折り返し電話をする」はcall backで表すことができる。「…ときに」はwhenを使うとよい。

1【放送台本】

(1)

Sally : Ken, what will you do if it's rainy tomorrow?

Ken : I think I'll stay at home and play video games with Daiki. Can you come and play with us, Sally?

Sally : I'm sorry, but I can't. I'll go shopping with my mother.

(2)

Lisa : I hope it will not rain this Sunday.

Satoru : Why?

Lisa : Because I'm going to go to an amusement park with my friends. What will you do, Satoru?

Satoru : I'll go fishing by the river with my father.

(3)

Tim : Miho, you study English hard.

Miho : Yes, I do. I study it at school and home every day.

Tim : Why do you study English so hard?

Miho : Because it's an important language. Lots of people in the world speak it, right? And I want to work in the U.S. in the future.

2【放送台本】

(1)

Mike : Excuse me. May I ask you a favor?

Woman : Sure. What is it?

Mike : Could you open the window? It's a little hot in this room.

Woman : All right.

(2)

Lisa : Excuse me. May I use this dictionary?

Keita : Sorry, but you can't. I'm using it now.

Lisa : I see. Thanks anyway.

Unit 3 定期テスト予想問題 p.142 ～ 145

1 (1) エ (2) オ (3) ウ

2 (1) イ (2) ウ

3 (1) 中国語を翻訳するために

(2) 新しいことを学んで

(3) サリーを手伝うための時間

(4) 飲み物[飲むためのもの]

4 (1) should explain

(2) Maybe / advice (3) can be

(4) lives / age

5 (1) happy to join

(2) It / difficult to

6 (1) Were you tired to walk for a long time?

(2) I want strength to continue to study hard.

(3) It's necessary to understand other people's feelings.

7 問1 例) 人工知能がいくつかの翻訳の仕事を奪うと聞いて残念に思います。

問2 (1) 例) Meg showed Asami an article about their future jobs.

(2)　Yes, she does.

8 (1)　例）　重要なことを見逃していないか。／意味を間違っていないか。／作家の感情を理解できているか。

(2)　例）　言語によって，人々のかけ橋になるため。

(3)　例）　They can connect us to different cultures.

9 例）　I am happy to see you. [I'm glad to meet you.]

解説

3　すべて〈to＋動詞の原形〉の形の不定詞。それぞれ次の用法，意味になる

(1)　動作の目的を表す副詞的用法「…するために」

(2)　感情の原因・理由を表す副詞的用法「…して」

(3)(4)　形容詞的用法「…するための，すべき」

4 (3)　このcanは「…することがあり得る」という可能性を表す。

(4)「生活」はlife(複数形lives)。

5 (1)「参加することができるのでうれしい」→「参加してうれしい」と考える。

(2)　書きかえる前の文はTo become a bridge between people(人々の間のかけ橋になること)が主語。これを〈It is ... ＋ to ＋動詞の原形〉「～するのは…です」という文にする。

6　不定詞を使う。

(1)「歩いて疲れた」はtired to walkと表す(副詞的用法)。「長い間」はfor a long time。

7 問1　I'm sorry to .... は「…して残念だ」という意味。thatの内容は直前の1文に着目する。

問2　(1)「メグは朝美に何を見せましたか」という質問。本文1行めに着目する。

(2)「朝美は翻訳家になるという夢を持っていますか」という質問。本文4行めに着目する。

8 (1)　本文3～6行めに着目する。

(2)　最後の文に着目する。

(3)「言語は私たちのために何をすることができますか」という質問。本文8行めに着目する。

9　「…してうれしい」と言うときは，感情の原因を表す不定詞を使って表すとよい。I'm happy [glad] because I can see [meet] you. も可。

1【放送台本】

(1)

Keita : Hi, Lisa.　You look happy.　What's up?

Lisa : Last night, my grandmother in the U.S. called me.　I'm glad to know she will come to Japan soon.

Keita : That's nice.　When will she come?

Lisa : Next month.　I'm really looking forward to seeing her.

(2)

Mike : Yuka, I saw you in Sakura Park yesterday.　You were with Lisa.

Yuka : Oh, we went there to play tennis.　Lisa is good at playing tennis.

Mike : Really?　I didn't know that.　I was there to take some pictures of flowers.　I'm going to join a photo contest.

Yuka : Great!　I want to see your photos.

(3)

Mother : Keita, how are you feeling now?　Can you eat lunch?

Keita : I still have a headache.　So I don't want to eat anything.

Mother : That's too bad.　Well, I will bring you something to drink.

Keita : Thank you, mom.

2【放送台本】

(1)　Yesterday, Kenji visited his friend Jack.　Jack showed him some English comic books.　Kenji thought they were useful to study English.　So he went to a store and bought a popular one.　Kenji found some nice pens there, too.　They looked good to do his homework, so he bought them for him and his sister.

(2) Kate is on the tennis team. She is going to join a big game next month. She practices hard with her friends every day. She really wants to win the game, so she tries to do everything to win. Tomorrow, Kate is going to talk about her practice with her coach. She hopes that her coach will give her some good advice.

Let's Read 1　定期テスト予想問題

p.146 ～ 147

1 (1) when　(2) to study
(3) to play　(4) to meet

2 (1) Some of　(2) at night
(3) little by little　(4) For example

3 (1) 私がその女性を見かけた[に会った]とき，彼女は大きなかばんを(持ち)運んでいました。
(2) 人々は時計に動力を供給する[を動力で動かす]ためにおもりやばねを使いました。

4 (1) 例) 現在では，いたるところに置き時計や腕時計があること。
(2) さあ，それらの古代の人々の知恵を認識すべき時です。
(3) イ，エ

5 例) I have nothing [don't have anything] to do today.

解説

1 (1)「あなたが私に電話をしたとき，私は図書館にいました」となるようにする。
(2)「勉強することを始める」→「勉強し始める」という意味になる。

4 (1) 直前の文に着目する。
(2) 文頭のNowは，ここでは「さあ」という意味。
(3) アは，「置き時計や腕時計は将来進歩しない」という文。2～3行めの記述から誤りだとわかる。イは，「古代の人々は一生懸命に努力したので時間を認識することができた」という文。第2段落の初めの文を読み取る。ウは，「古代の人々は時間をはかるさまざまな方法を持っていなかった」という文。第2段落2文めの記述から誤りだとわかる。エは，「今は，置き時計や腕時計によって時間を見ることは簡単だ」という文。第2段落3文めを読み取る。

5 形容詞的用法の不定詞を使って考える。There is nothing to do today.やI don't have any plans today.(今日は予定がない)のような表現でもよい。

Unit 4　定期テスト予想問題

p.148 ～ 151

1 (1) ウ　(2) ウ

2 イ，ウ，オ

3 (1) had　(2) using　(3) Saving
(4) doing

4 (1) doesn't have to　(2) pick / up
(3) too much　(4) Both / and

5 (1) must be　(2) must not

6 (1) Studying abroad is my dream.
(2) Do we have to be quiet in the room?
(3) I can't finish reading the book in such a short time.

7 (1) 例) 6時までに家に帰ってこなければならない。／夕方遅くに特別な計画があるときは，1人で外出してはいけない。
(2) it is / safe

8 (1) ① have anything
② to learn
(2) 結局，ホストファミリーのところに滞在することはすばらしい経験でした。
(3) 海斗：例) 英語で話すことを努力し続けた。
ウィルソン夫妻：例) 海斗の言うことを注意深く聞いた。

9 例) You must not [mustn't] take pictures in the museum.

解説

3 (1) have to ...(…しなければならない)を過去形にする。

(2) finish ...ingで「…し終える」という意味。

(3) 「水を節約することは重要だ」という文にする。

4 (1) doesn't [don't] have to ...は「…する必要はない」という意味。

(2) pick upは「車で迎えに行く」という意味。「彼を迎えに行く」のように代名詞を使う場合はpick him upという語順になる。×pick up himとはしない。

(4) 「～も…も(両方)」はboth ～ and ...で表す。

5 (2) must not [mustn't]は「…してはいけません」という禁止を表す表現。

6 (1) abroadは「外国で」という意味。

(3) suchは「そのような」という意味。「そんなに短い時間」はsuch a short timeとする。〈such a＋形容詞＋名詞〉という語順になることに注意。〈in＋時間を表す表現〉は「…のうちに，…の間に」という意味。

7 (1) ウィルソンさんの1つめと3つめの発言内容を読み取る。

(2) 直前の1文から考える。

8 (1) ① 本文第3文から考える。had nothingもdidn't have anythingも「何もなかった」という意味。

② 第1段落最終文に着目。「新しい単語を学ぶことは楽しかった」という文にする。

(2) after allは「結局」という意味。stay with ...は「…のところに滞在する，泊まる」という意味。

(3) 第2段落第3文に着目する。try to ...は「…しようと努力する」，listen to meは「私の言うことを聞く」という意味。

9 Don't [Do not] take (any) pictures in the museum.などとしてもよい。don't [doesn't] have to ...は禁止ではなく「…する必要はない」という意味になるので使えない。

1【放送台本】

(1)

Kenta : Hello?

Lisa : Hello. This is Lisa.

Kenta : Oh, hi, Lisa. What's up?

Lisa : It's sunny today, so I'm going to ride my bike to the beach. Why don't you come, Kenta?

Kenta : I'm sorry, but I can't. I have to wash my father's car now.

(2)

Takuya : Emily, I bought a nice DVD yesterday.

Emily : Really?

Takuya : Yes. Why don't you come to my house to watch it tomorrow?

Emily : I'm sorry, but I can't. I have a lot of things to do tomorrow. In the morning, I have to do my homework. After lunch, I must go shopping with my mother. Then, I have to cook curry and rice for my family.

2【放送台本】

Today is Sunday. It's a wonderful day. I want to go out, but I can't. Today my father and mother are going to visit their friend. So I have to stay at home and take care of my brother Riku. He's five years old. I must sing songs for him and read him a book. I need to do my homework, too. I also have to make lunch and dinner. I'm not good at cooking, but I can make ramen for lunch. What can I make for dinner? I remember my friend Aya enjoys cooking on weekends. So after lunch, I will call her and ask, "Aya, please come to my house this afternoon to make dinner with me."

Unit 5　定期テスト予想問題　p.152 ～ 155

1　(1)　イ　　(2)　ア　　(3)　ウ

2　(1)　ウ　　(2)　イ

3　(1)　and　　(2)　to visit　　(3)　which
(4)　the

4　(1)　over here　　(2)　Thanks to
(3)　plastic bottle　　(4)　ways to

5　(1)　その男性はどちらの道を行くべきか[行けばよいか]私に教えました。
(2)　私たちの周りに助けを必要としている子供がいることを知るのは大切です。

6　(1)　Do you know where to put your bag?
(2)　I'm sorry that you can't join the event.
(3)　She didn't tell me when to go shopping.

7　(1)　ラッフルズ・プレイス駅までの行き方を教えてくださいませんか。
(2)　①　ダウンタウン線に乗り
②　東西線に乗りかえる

8　(1)　考え：例）　みんなの壁を取り除きたい。
理由：例）　私たちは年をとるにつれて体が不自由になることがよくあるから。
(2)　私たちの社会には異なる人々がいるということを知るのは大切です。
(3)　例）　ほかの人々を助けるために何ができるかということ。
(4)　例）　To spread his idea to the world.

9　例）　Please [Can you] tell [show] me what to do next. [?]

解説

3　(1)　come and ... で「…しに来る」という意味。
(4)　〈the＋形容詞〉で「…な人々」という表現。the poor は「貧しい人々」。

5　(1)　〈show＋(人)＋(もの)〉で「(人)に(もの)を教える」という意味。(もの)の部分に which (way) to ...(どちらの(道)を…するべきか)が入っていると考えればよい。

6　(2)　「…して残念だ」は I'm sorry that .... の形。

7　(2)　女性の１つめと２つめの発言内容を読み取る。

8　(1)　第２段落２～３文めの内容を読み取る。
(3)　直前の１文に着目する。
(4)　「なぜロナルドはユニバーサルデザインセンターを創立したのですか」という問い。第２段落最終文に着目する。Why ...? で聞かれたら To ....(…するため)や Because ....(…から)で答える。

9　tell [show] me ...(私に…を教える), what to do(何をすればよいか)を使うとよい。なお，お願いする表現は Could you ...?(…してくださいませんか)を使ってもよい。Please .... や Can you ...? よりもていねいなお願いになる。

1【放送台本】

(1)

A：Excuse me.　Could you tell me how to get to City Hall?
B：Take Bus No. 10 over there.
A：I see.　How many stops is City Hall from here?
B：Five stops.

(2)

A：　Do you know how to play *shogi*, Mike?
Mike：No, I don't.
A：　*Shogi* is an interesting game.　You should learn how to play it.
Mike：There are many rules to remember, right?
A：　No, there aren't.　It's easy to understand the rules of *shogi*.

(3)

A：Do you know which number to call when you feel sick and need some help in Japan?
B：Let's see ....　It's 110.
A：No, it's not.　It's 119.　Which number do you call in the United States?

B : We call 911.

2【放送台本】

(1) Last Wednesday, Rika saw a man on her way home from school. He was a tourist from the U.K. He wanted to go to Adachi Museum of Art. Rika told him the way to the museum. He said he was really interested in Japanese art. Rika hopes that he will enjoy his stay in Japan.

(2) Meg is going to have a birthday party for her father next Sunday. Her father said, "I like T-shirts and I have some. But I don't have a green one." So she is going to give him a green T-shirt as a birthday present. Meg thinks he will like it.

Unit 6 定期テスト予想問題 p.156 ～ 159

1 (1) イ　(2) ウ

2 (1) ウ　(2) ウ　(3) イ

3 (1) tallest　(2) more tired

(3) the best　(4) useful

4 (1) As for　(2) such as

(3) more than　(4) like the best

5 (1) older than　(2) as easy as

6 (1) Which is more important, money or time?

(2) Tom practiced tennis harder than Kenta.

(3) Some whales can swim as fast as dolphins.

7 問1　それはいくらですか。

問2　(1) 例) She [He] thinks that it looks nice.

(2) Yes, she [he] will.

8 (1) 例) 自分の好きなアクション映画がクラスでは2番めに人気があること。

(2) 例) 私はクラスメイトと自分のお気に入りの映画について話したい気分です。

(3) ジョシュははっきりと話したから。／ジョシュはデータを見せるためにグラフを使ったから。

(4) 例) He should use larger letters for his slides.

9 例) I like green the best of all colors.

解説

3 (2) 比較級は，...erの形にするかmoreをつける。moreはbeautifulなど比較的つづりの長い語につけるが，短くてもmoreがつくものもある。

5 (2) 「～より難しい」→「～ほど簡単ではない」と考える。not as ... as ～は「～ほど…ない」という意味。

6 (3) 「一部の…」はsome ...で表す。

7 問2　(1) 「客はセーターについてどう思っていますか」という質問。客の2つめの発言に着目する。

8 (1) 直前の2文に着目する。

(2) feel like ...ingで「…したい気がする」という意味。

(3) 第2段落に着目する。

(4) larger lettersは「より大きな文字」。

9 of all (colors)とする。×in all (colors)とは言わない。in Japanやin my classというときにはinを使う。7語以上という指定がなければ，My favorite color is blue.やYellow is my favorite (color).としてもよい。favoriteは「いちばん好きな(もの)，お気に入りの(もの)」という意味。

1【放送台本】

(1) Yuji, John and Mary are riding their bikes along the river. Yuji is going as fast as John, and Mary is going the fastest of the three.

(2) Tom's pencil is longer than Makoto's, but his pencil is not as long as Becky's. Becky's pencil is shorter than Yuki's.

2【放送台本】

(1)

Midori : You are a good basketball player, John.

John : I like basketball and practice it every day. But I don't play it as well as Harry.

Midori : Is he the best player on the team?

John : No, he isn't. The best player on the team is Jim.

(2)

Alice : Kenji, do you like soccer?

Kenji : Yes, I do. I like soccer the best of all sports.

Alice : Why?

Kenji : It's exciting. And you can play it almost anywhere.

Alice : Oh, I see. I like tennis and play it with my brother every Sunday.

Kenji : Tennis is getting popular, but I think soccer is more popular. It's more popular than baseball. Actually, it's the most popular sport in the world, I think.

(3) Jeff is buying a T-shirt.

Clerk : Hello. May I help you?

Jeff : Yes, please. I'm looking for a T-shirt. I like bright colors.

Clerk : I see. ... How about this yellow one?

Jeff : Oh, that's cool. May I try it on?

Clerk : Sure.

Jeff : It's a little too small for me. Do you have a bigger one?

Clerk : Of course. ... Here you are.

Jeff : Oh, this is nice. I'll take it.

Let's Read 2 定期テスト予想問題 p.160 ～ 161

1 (1) making (2) saying
(3) more exciting (4) better

2 (1) a few (2) was about to
(3) a glass of (4) woke up

3 (1) あなた(たち)は部屋に入る前にドアをノックしなくてはなりません。
(2) トムはほかの生徒よりもずっと速く走ることができます。

4 (1) 例) 牛乳をあげたのは，親切でしたことだから。
(2) 少年よ，強くいなさい，そうすればすばらしい未来があるでしょう。
(3) No, she didn't.
(4) エ

5 例) Which do you like better, English or math?

解説

1 (1) finish ...ingで「…し終える」という意味。
(2) withoutは「…なしで」という意味。without saying anythingは「何も言わずに」ということ。

2 (2) be about to ...は「今にも…しようとしている」という意味。
(4) wake(目が覚める)の過去形はwoke。

3 (2) 比較級の前にmuchをつけると「ずっと…，はるかに…」という意味になる。

4 (1) 4文めに着目する。
(2) 命令文のあとにandを続けると，「(～しなさい，)そうすれば…」という意味になる。
(4) エの「男の子は女の人の家を出るときにうれしかった」が正解。第1段落最終文から読み取る。アは「彼はいくらかの食べ物を食べたのでずっと気分が良くなった」。もらったのは牛乳なので誤り。イは「少年は牛乳代を持っていなかった」。少年はお金を払おうとしたが断られたので誤り。ウは「女の人の職業は牛乳を売ることだった」。

Unit 7 定期テスト予想問題 p.162 ～ 165

1 (1) イ (2) ウ

2 (1) ア (2) ウ

3 (1) touched (2) taken (3) was
(4) be

4 (1) all over　(2) because of
(3) not built　(4) are crowded

5 (1) was asked / by
(2) can be found

6 (1) Why was the table moved to the kitchen?
(2) The apples were picked by my children.
(3) The fireworks may be seen from here.

7 (1) 今週末にみどり音楽祭が開かれます。
(2) go with you
(3) 例） He is going to go to the dentist.

8 (1) イ
(2) 例） 富士山の区域では自然が十分に保護されていないことが深刻な問題です。
(3) 角度／人　(4) ウ

9 例） My computer is ［was］ made in Japan.

解説

3 「... され(てい)ます」という受け身の文。
(1) by ... は「…によって」という意味。
(2) takeの過去分詞はtaken。
(3) 「…されました」と過去の文にする。

4 (1) all over ... は「…中で」という意味。
(2) because of ... は「…のために」という意味。

6 (3) 「花火はここから見られるかもしれない」と考える。

7 (2) 直前のメグの発言から考える。
(3) 「次の土曜日に海斗は何をするつもりですか」という質問。海斗の３つめの発言に着目する。

8 (2) thatは直前の１文の内容を指す。
(4) ウの「日本と海外両方の芸術家が富士山に影響を受けました」が正解。第３段落３～５文めに着目する。アは「富士山の形は独特で世界であまり見られない」。第２段落２文めから誤りだとわかる。イは「富士山は美しい自然があるので神聖な場所である」。第３段落２文めから誤りだとわかる。

1【放送台本】

(1) This is one of the most popular sports in the world. It is played by two teams of eleven players. Field players can't touch the ball with their hands.

(2) It is a Japanese traditional thing. It is used at home during the cold season.

2【放送台本】

(1)

A : Mike, you have a new watch. It looks nice.
Mike : Thank you. I like it.
A : When did you buy it?
Mike : I didn't buy it. It was used by my grandfather. He gave it to me as a birthday present.
A : I see. When is your birthday?
Mike : It's March 10.

(2)

Girl : How was the cake?
Boy : It was very good.
Girl : Thank you. I'm glad you liked it.
Boy : Where did you buy it?
Girl : I didn't buy it. It was made by my mother. Do you want another piece of cake?
Boy : No, thank you. I'm full.

Let's Read 3　定期テスト予想問題　p.166 ～ 167

1 (1) how　(2) made　(3) by
(4) were

2 (1) is written in　(2) for ［by］ himself
(3) in / middle of　(4) come true

3 (1) 例） お母さんは私にどのコーヒーを買うべきか教え[言い]ませんでした。
(2) 例） 何人の客がそのパーティーに招待されましたか。

4 (1) 氷河：例） 地球温暖化のために消滅しつつある。

ホッキョクグマ：例） 十分な食べ物を見つけられない。

カリブーの生息地：例） 小さくなっている。

(2) 例） 氷が水に変わって海水面が上昇しているため。

(3) 科学者は，北極地方は地球の残りの地域よりも２倍速くあたたかくなっていると述べている。

解説

1 (1) how to ... は「どのように…するか」「…する方法」。

2 (2) 「自分で」はfor himself。by himself「自分(ひとり)で」と言ってもよい。

4 (1) それぞれ本文２文め，３文め，４文めに着目する。

(2) 直前の１文に着目する。

(3) twice as ... as ～は，「～より２倍…」という意味になる。